Status quo der Corporate-Social-Responsibility-Bericht-erstattung in DAX-30- und MDAX-Unternehmen:

Ergebnisse einer empirischen Analyse

AF176001

Johanna Müller / Prof. Dr. Ulrich Harbrücker

02/2022

Bibliografische Information der Deutschen Nationalbibliothek: Die Deutsche Nationalbibliothek verzeichnet diese Publikation in der Deutschen National- bibliografie; detaillierte bibliografische Daten sind im Internet über _dnb.dnb.de_ abrufbar.

Herstellung und Verlag: BoD – Books on Demand, Norderstedt

ISBN: 978-3-754-3556-88

Die Mannheimer Beiträge zur Betriebswirtschaftslehre werden von den Professor*innen der Fakultät Wirtschaft Duale Hochschule Baden-Württemberg Mannheim (DHBW) seit dem Jahr 2004 herausgegeben. Diese werden durch ein Editorial Board vertreten.

Die DHBW ist die erste staatliche duale Hochschule in Deutschland mit dem besonderen Merkmal der konsequenten Verzahnung des wissenschaftlichen Studiums mit anwendungsbezogenem Lernen in der Arbeitswelt. Sie wurde am 1. März 2009 gegründet und führt das seit über 45 Jahren erfolgreiche duale Modell der früheren Berufsakademie Baden-Württemberg fort.

Zielsetzung der Mannheimer Beiträge ist, die Diskussion zwischen Hochschule, Wissenschaft und Praxis zu fördern. Das Themenspektrum erstreckt sich auf Forschungsfragen aus dem gesamten Spektrum der anwendungsbezogenen Wirtschaftswissenschaften und fokussieren insbesondere den Theorie-Praxis-Transfer.

Die jeweiligen Bände unterliegen einem internen Begutachtungsprozess, sodass der wissenschaftliche Anspruch, die Aktualität und die thematische Passung sichergestellt werden.

Weitere Informationen auch zu den bisher erschienen Bänden erhalten Sie unter: https://www.mannheim.dhbw.de/forschung-lehre/schriftenreihe

Abstract

Das Ziel des vorliegenden Beitrages ist es primär zu analysieren, wie die Regelungen und Wahlrechte der Richtlinie 2014/95/EU und des CSR-Richtlinie-Umsetzungsgesetzes von Unternehmen des DAX 30 und MDAX in der Praxis angewendet werden. Der Fokus wird dabei auf die Untersuchung der Berichtsthematiken und die formale Ausgestaltung der CSR-Berichte gelegt. Im Rahmen der Analyse wurden die nichtfinanziellen Konzernerklärungen und Konzernberichte des Geschäftsjahres 2020 mithilfe eines Erhebungsbogens einer standardisierten Sichtung unterzogen.

Die Analyse ergab, dass die Wahlrechte der Richtlinie und des CSR-RUG teils homogen und teils heterogen ausgeübt werden. Eine Homogenität ist insbesondere bezüglich der Verwendung eines Rahmenwerkes sowie der Durchführung einer inhaltlichen Prüfung mit „limited assurance" zu verzeichnen. Größere Unterschiede können dagegen hinsichtlich der Veröffentlichungsform, des Berichtsumfangs sowie der Anzahl wesentlicher Berichtsthematiken wie auch bezüglich der angegebenen nichtfinanziellen Leistungsindikatoren festgestellt werden.

Auf Basis dieser Ergebnisse wurden darüber hinaus Kritikpunkte an den gesetzlichen Regelungen herausgearbeitet und darauf aufbauend Vorschläge zur Überarbeitung der EU-Richtlinie abgeleitet. In diesem Zusammenhang wurden zudem auch die kürzlich von der Europäischen Kommission publizierten Vorschläge zur Überarbeitung der Richtlinie dargestellt und kritisch gewürdigt.

Inhaltsverzeichnis

Abbildungsverzeichnis

Tabellenverzeichnis

Abkürzungsverzeichnis

ABl.	Amtsblatt
Abs.	Absatz
AG	Aktiengesellschaft
BGBl.	Bundesgesetzblatt
BMAS	Bundesministerium für Arbeit und Soziales
BMJV	Bundesministerium für Justiz und Verbraucherschutz
Co.	Compagnie
CSR	Corporate Social Responsibility
CSR-RL	CSR-Richtlinie
CSR-RUG	CSR-Richtlinie-Umsetzungsgesetz
DAX	Deutscher Aktienindex
DNK	Deutscher Nachhaltigkeitskodex
DRS	Deutscher Rechnungslegungs Standard
EFFAS	European Federation of Financial Analysts Societies
EG	Europäische Gemeinschaft(en)
EMAS	Eco Management and Audit Scheme
EU	Europäische Union
GB	Geschäftsbericht
GRI	Global Reporting Initiative
H.	Heft
i. V. m.	in Verbindung mit
ISO	International Organization for Standardization
KG	Kommanditgesellschaft

KGaA	Kommanditgesellschaft auf Aktien
KMU	Kleine und mittlere Unternehmen
LB	Lagebericht
lim. a.	limited assurance
MDAX	Mid-Cap-DAX
N. V.	Naamloze Vennootschap (niederländische Aktiengesellschaft)
NFB	Nichtfinanzieller Bericht
NFE	Nichtfinanzielle Erklärung
NF-LI	Nichtfinanzieller Leistungsindikator
NHB	Nachhaltigkeitsbericht
o. O.	Ohne Ortsangabe
OECD	Organization for Economic Cooperation and Development
PDF	Portable Document Format
Plc	public limited company
Reas. a.	reasonable assurance
REIT	Real Estate Investment Trust
RL	Richtlinie
Rz.	Randziffer
S.	Seite
SA	Société Anonyme (französische Aktiengesellschaft)
SASB	Sustainability Accounting Standards Board
SDAX	Small-Cap-DAX
SDG	Sustainable Development Goals
SE	Societas Europaea

TCFD	Task Force on Climate-related Financial Disclosures
TecDAX	Technology-DAX
UN GC	United Nations Global Compact
wesentl.	wesentlich

Gleichheitsgrundsatz:

Im Interesse der besseren Lesbarkeit wurde auf geschlechtsbezogene Formulierungen verzichtet. Selbstverständlich sind immer die Geschlechter männlich/weiblich/divers gemeint, auch wenn explizit nur eines der Geschlechter angesprochen wird. An dieser Stelle wird darauf hingewiesen, dass die Autoren mit dieser Maßnahme in keinem Fall entgegen den Grundbestrebungen einer gendergerechten Sprache wirken möchten.

1 Einführung

Die Thematik Corporate Social Responsibility [CSR], also die Verantwortung der Unternehmen gegenüber der Gesellschaft und der Umwelt, hat, nicht zuletzt auch durch die Fridays-for-Future-Bewegung, an Popularität gewonnen.[1] Von Unternehmen wird unter anderem hinsichtlich des voranschreitenden Klimawandels zunehmend erwartet, dass sie CSR-Maßnahmen in ihre Geschäftstätigkeit implementieren und dies auch transparent kommunizieren.[2] Derzeit bildet auf europäischer Ebene die Richtlinie 2014/95/EU die europaweit einheitliche Grundlage der Corporate-Social-Responsibility-Berichterstattung.[3] Diese gewährt den Unternehmen durch mehrere Wahlrechte und Ausnahmeregelungen eine hohe Flexibilität in ihren Berichterstattungen über die CSR-Maßnahmen. Im Rahmen des European Green Deals hat sich die Europäische Union [EU] verpflichtet die Richtlinie zu überarbeiten, um die Vergleichbarkeit und Qualität der Berichte zu erhöhen.[4] Infolgedessen stellt sich die Frage, wie die derzeitigen Regelungen in die Praxis umgesetzt werden, wo Kritikpunkte bestehen und wie diesbezüglich die Richtlinie weiterentwickelt werden könnte.Das Ziel des vorliegenden Beitrages ist es primär zu analysieren, wie die Regelungen der Richtlinie 2014/95/EU und des CSR-Richtlinie-Umsetzungsgesetzes [CSR-RUG] von Unternehmen des DAX 30 und MDAX in der Praxis umgesetzt werden. Darüber hinaus sollen eventuell bestehende Kritikpunkte herausgearbeitet und darauf aufbauend Vorschläge zur Überarbeitung der Richtlinie abgeleitet werden. Die kürzlich von der Europäischen Kommission zur Überarbeitung der Richtlinie publizierten Vorschläge werden zudem dargestellt und kritisch gewürdigt.

Die Untersuchung gliedert sich wie folgt: Zunächst werden im nachfolgenden Kapitel die Grundlagen zu Corporate Social Responsibility erläutert. Dazu werden neben den Definitionen und der Begriffsabgrenzung zur unternehmerischen Nachhaltigkeit auch die Relevanz der Corporate Social Responsibility dargestellt. Das dritte Kapitel fokussiert sich auf die CSR-Berichterstattung. Dabei werden die Regelungen der europäischen Richtlinie 2014/95/EU und deren nationale Umsetzung skizziert sowie der Aufbau zweier ausgewählter

---

[1]   Vgl. Helmold, M. et al. (2020): S. 1.
[2]   Vgl. Jasch, C. (2015): S. 823.
[3]   Vgl. Coenenberg, A./Fink, C. (2017): S. 52.
[4]   Vgl. Europäische Kommission (2021): COM (2021) 189 final, S. 1 ff.

Rahmenwerke (GRI-Standard und Deutscher Nachhaltigkeitskodex) analysiert und einander gegenübergestellt. Den Kern des Beitrages bildet die empirische Analyse der Corporate-Social-Responsibility-Berichte der DAX-30- und MDAX-Unternehmen. Darauf aufbauend werden Kritikpunkte an den aktuellen gesetzlichen Regelungen herausgearbeitet und daraus potenzielle Verbesserungsvorschläge abgeleitet sowie die Gesetzesvorschläge der Europäischen Kommission zur Änderung der Richtlinie 2014/95/EU kritisch gewürdigt.

2 Corporate Social Responsibility

2.1 Definition

In der Literatur ist keine einheitliche Definition der Corporate Social Responsibility zu finden.[5] Vielmehr existieren auf internationaler, europäischer und nationaler Ebene verschiedene Definitionsansätze, welche sich im Laufe der Zeit weiterentwickelt haben.[6] Heutzutage wird der Begriff Corporate Social Responsibility mit gesellschaftlicher Verantwortung der Unternehmen ins Deutsche übersetzt.[7]

Auf internationaler Ebene gibt es verschiedene Leitlinien, welche den Begriff CSR definieren und somit einen globalen Rahmen entstehen lassen.[8] Die International Organization for Standardization [ISO] 26000 definiert CSR beispielsweise als „Verantwortung einer Organisation für die Auswirkungen ihrer Entscheidungen und Aktivitäten auf die Gesellschaft und Umwelt durch transparentes und ethisches Verhalten, das zur nachhaltigen Entwicklung (…) beiträgt, die Erwartungen der Anspruchsgruppen berücksichtigt, anwendbares Recht einhält und (…) in der gesamten Organisation integriert ist (…)"[9].

Die Kommission der Europäischen Gemeinschaften definierte bereits im Jahr 2001 in ihrem Grünbuch Corporate Social Responsibility als „ein Konzept, das den Unternehmen als Grundlage dient, auf freiwilliger Basis soziale Belange und Umweltbelange in ihre Unternehmenstätigkeit und in die Wechselbeziehungen mit den Stakeholdern zu integrieren"[10]. Das sozial verantwortliche Handeln wurde als über die gesetzlichen Bestimmungen hinausgehende Maßnahmen bezüglich des Humankapitals und der Umwelt verstanden.[11] Im Jahr 2011 überarbeitete die Europäische Kommission ihre Definition von Corporate Social Responsibility.[12] CSR wurde fortan als „die Verantwortung von Unternehmen für ihre Auswirkungen auf die Gesellschaft"[13] definiert. Durch die Überarbeitung wurde die vorher betonte Freiwilligkeit der CSR-Strategie zurückgestellt und die Auswirkungen des unternehmerischen Handelns auf

---

5   Vgl. Helmold, M. et al. (2020): S. 19; vgl. hierzu auch Loew, T./Rohde F. (2013): S. 2.
6   Vgl. Stibbe, R. (2019): S. 8 f.
7   Vgl. Stibbe, R. (2019): S. 14.
8   Vgl. Stibbe, R. (2019): S. 16.
9   ISO (2010): S. 17.
10   Kommission der Europäischen Gemeinschaften (2001): Rz. 20.
11   Vgl. Kommission der Europäischen Gemeinschaft (2001): Rz. 21.
12   Vgl. Europäische Kommission (2011): S. 7.
13   Europäische Kommission (2011): S. 7.

die Gesellschaft in den Fokus gerückt. CSR wird somit als ein Konzept verstanden, welches soziale, ökologische, ethische, Menschenrechts- sowie Verbraucherbelange direkt in die operative Tätigkeit und Unternehmensstrategie integriert.[14] Die europäische Definition von CSR stimmt somit in den wesentlichen Punkten mit der Definition der ISO 26000 überein.[15] Das neue Verständnis von CSR auf europäischer Ebene wird aktuell auch auf nationaler Ebene verwendet, um das CSR-Konzept zu definieren.[16] Laut Bundesministerium für Arbeit und Soziales [BMAS] umfasst die gesellschaftliche Verantwortung der Unternehmen soziale, ökologische sowie auch ökonomische Aspekte, wobei auf die internationalen Rahmenkonzepte verwiesen wird.[17]

Die ausgewählten Definitionen unterscheiden sich zwar geringfügig voneinander, stimmen allerdings im Hinblick auf CSR als Verantwortung einer Unternehmung gegenüber der Umwelt sowie der Gesellschaft überein. Diesem Beitrag wird die Definition der Europäischen Kommission zugrunde gelegt, da die in den folgenden Kapiteln thematisierte CSR-Berichterstattung auf dem europäischen Verständnis von CSR aufbaut.

2.2 Begriffsabgrenzung zu unternehmerischer Nachhaltigkeit

Neben den vielen Definitionen von Corporate Social Responsibility besteht auch eine uneinheitliche Abgrenzung zu verwandten Begriffen wie beispielsweise zu unternehmerischer Nachhaltigkeit respektive Corporate Sustainability.[18] Dies führt unter anderem dazu, dass manche Unternehmen Corporate-Social-Responsibility-Berichte und andere Unternehmen Nachhaltigkeitsberichte publizieren.[19] Aus diesem Grund wird im Folgenden der Begriff Corporate Sustainability definiert und darauf aufbauend eine Abgrenzung zu Corporate Social Responsibility vorgenommen.

In der Literatur ist keine einheitliche Definition von Corporate Sustainability zu finden.[20] Eine im Schrifttum oft angeführte Definition von Nachhaltigkeit entstammt dem Brundtland-Report der von den United Nations ins Leben gerufenen World Commission on Environment and Development aus dem Jahre

---

[14]   Vgl. Europäische Kommission (2011): S. 7.
[15]   Vgl. Loew, T./Rohde F. (2013): S. 8.
[16]   Vgl. BMAS (Hrsg.) (2021A).
[17]   Vgl. BMAS (Hrsg.) (2021A).
[18]   Vgl. Schneider, A. (2015): S. 27 f.
[19]   Vgl. BMAS (Hrsg.) (2021A).
[20]   Vgl. Brüssel, C. (2018): S. 11 ff.

1983.[21] Danach wird die nachhaltige Entwicklung als eine Entwicklung verstanden, „die die Bedürfnisse der Gegenwart befriedigt, ohne zu riskieren, daß künftige Generationen ihre eigenen Bedürfnisse nicht befriedigen können"[22]. Die Weiterentwicklung dieses Verständnisses brachte den Triple-Bottom-Line-Ansatz hervor.[23] Danach kann eine nachhaltige Entwicklung nur erzielt werden, wenn neben den ökologischen Zielen auch ökonomische und soziale Ziele gleichermaßen Berücksichtigung in der Unternehmensstrategie finden.[24]

Unternehmerische Nachhaltigkeit und Corporate Social Responsibility sind somit im Kern eng verbunden, wobei das Konzept der unternehmerischen Nachhaltigkeit im Vergleich zur Corporate Social Responsibility weiter gefasst ist.[25] Nachhaltige Entwicklung bezieht sich, wie bereits dargestellt, auf mehrere Generationen der gesamten Gesellschaft, wohingegen sich die Corporate Social Responsibility lediglich auf die Stakeholder der Unternehmen fokussiert.[26] Das Konzept der Corporate Social Responsibility ist also enger gefasst und stellt die Basis für eine nachhaltige Entwicklung dar.[27] Dies geht ebenfalls aus der Mitteilung der Europäischen Kommission des Jahres 2011 hervor, in der darauf hingewiesen wird, dass die Unternehmen durch ihre CSR-Tätigkeiten zu einer nachhaltigen Entwicklung beitragen können.[28]

2.3 Relevanz der Corporate Social Responsibility

Durch die Implementierung von Sozial- und Umweltbelangen in die Unternehmensstrategie werden positive Auswirkungen auf die Gesellschaft und die Umwelt, also ein nicht ökonomischer Mehrwert, erzielt.[29] Dabei können auch positive ökonomische Effekte für das Unternehmen selbst entstehen.[30] In der Literatur finden sich diesbezüglich mehrere Studien zum Zusammenhang zwischen der Corporate Social Responsibility und der wirtschaftlichen Performance sowie zu aus CSR-Aktivitäten begründeten Wettbewerbsvorteilen.[31] Bei der Betrachtung der Ergebnisse muss jedoch beachtet werden, dass es bisher kein allgemeingültiges Vorgehen zur Messbarmachung von CSR

---

[21]   Vgl. Schneider, A. (2015): S. 24.
[22]   World Commission of Environment and Development (1987): S. 46.
[23]   Vgl. Helmold, M. et al. (2020): S. 24 f.
[24]   Vgl. Palmer, M. (2019): S. 25.
[25]   Vgl. Schneider, A. (2015): S. 25 f.
[26]   Vgl. Palmer, M. (2019): S. 27.
[27]   Vgl. Blaesing, D. (2013): S. 16.
[28]   Vgl. Europäische Kommission (2011): S. 4.
[29]   Vgl. Helmold, M. et al. (2020): S. 176 f.
[30]   Vgl. Helmold, M. et al. (2020): S. 176.
[31]   Vgl. Stibbe, R. (2019): S. 46 f.

gibt und die Ergebnisse aufgrund unterschiedlicher Methoden nur einge-schränkt vergleichbar sind.[32] Darüber hinaus gestalten sich die CSR-Aktivi-täten von Unternehmen zu Unternehmen unterschiedlich, weshalb daraus re-sultierende Wettbewerbsvorteile ebenfalls unternehmensindividuell sind und eine allgemeingültige Aussage schwer möglich ist.

In der Literatur werden unter anderem Wettbewerbsvorteile dargestellt, die durch CSR-Aktivitäten im Bereich der Umwelt- und Arbeitnehmerbelange entstehen können.[33] Vor allem im Hinblick auf den Klimawandel und die Res-sourcenknappheit kann es für Unternehmen von Vorteil sein, ihre Ressour-ceneffizienz zu erhöhen.[34] So können durch gezielte ökologische CSR-Maß-nahmen, wie das Einsparen von Ressourcen, auch Kostenvorteile entstehen.[35] Außerdem können durch das Entwickeln von neuen, weniger ressourcenauf-wendigen Produkten oder neuen Produktionstechnologien ebenfalls Wettbe-werbsvorteile entstehen.[36] Durch CSR-Aktivitäten im Bereich der Arbeitneh-merbelange können Wettbewerbsvorteile durch eine gesteigerte Mitarbeiter-zufriedenheit und einer möglicherweise daraus resultierenden, niedrigeren Fluktuationsquote sowie einer verbesserten Wettbewerbsposition zur Akqui-rierung von qualifizierten Mitarbeitern entstehen.[37]

Eine Studie der Boston Consulting Group aus dem Jahre 2017 zeigt, dass es positive Zusammenhänge zwischen CSR-Tätigkeiten und der wirtschaftlichen Entwicklung von Unternehmen sowie dem Interesse von Investoren gibt.[38] Die Untersuchung ergab, dass Unternehmen, die CSR in ihre Unternehmens-strategie integriert hatten, eine bessere wirtschaftliche Performance erzielten als Unternehmen ohne implementiertes CSR-Konzept.[39] Diese Erkenntnis steht in inhaltlichem Zusammenhang mit einer Studie der Global Sustainable Investment Alliance, welche zeigt, dass sich CSR-Tätigkeiten positiv auf das Anlageverhalten von Investoren auswirken können.[40] Die Studie analysierte das Volumen des nach Social-Responsible-Investment-Kriterien investierten Kapitals und stellt dar, dass im Jahr 2018 30,7 Milliarden US-Dollar in Eu-

---

[32] Vgl. Kreipl, C. (2020): S. 306.
[33] Vgl. Kreipl, C. (2020): S. 257 f.
[34] Vgl. Loew, T. (2013): S. 25.
[35] Vgl. Helmold, M. et al. (2020): S. 177.
[36] Vgl. Gelbmann, U./Baumgartner, R. (2012): S. 289.
[37] Vgl. Kreipl, C. (2020): S. 258.
[38] Vgl. Boston Consulting Group (2017): S. 6.
[39] Vgl. Boston Consulting Group (2017): S. 6.
[40] Vgl. Global Sustainable Investment Alliance (2018): S. 3 f.

ropa, Japan, Kanada, Australien und den USA nach Social-Responsible-Investment-Kriterien investiert wurden. Bezogen auf das Jahr 2016 ergibt sich ein Zuwachs von 34 % innerhalb von lediglich zwei Jahren.[41] Im Übrigen belegen Studien den positiven Einfluss von CSR auf die Reputation des Unternehmens.[42] Damit sich die CSR-Maßnahmen positiv auf das Anlageverhalten von Investoren oder auf die Reputation des Unternehmens auswirken können, müssen diese zunächst transparent gegenüber den Stakeholdern kommuniziert werden. In diesem Aspekt liegt folglich die Relevanz der CSR-Berichterstattung begründet.

---

[41] Vgl. Global Sustainable Investment Alliance (2018): S. 3.
[42] Vgl. Stibbe, R. (2019): S. 44.

3 Corporate-Social-Responsibility-Berichterstattung

3.1 Hintergrund

Im vorangehenden Kapitel wurde bereits dargestellt, welche positiven Effekte durch eine CSR-Implementierung entstehen können. Da diese unter anderem auf dem Verhalten externer Stakeholder basieren, ist es nicht nur relevant, CSR-Aktivitäten in die Unternehmensstrategie zu implementieren, sondern dies auch transparent zu kommunizieren, um den Stakeholdern damit eine Beurteilung der Auswirkungen des Unternehmens auf die Gesellschaft und die Umwelt zu ermöglichen.

Durch die Aktualisierung des CSR-Verständnisses im Jahr 2011 hat man sich vom Aspekt der Freiwilligkeit entfernt und betont, dass CSR-Aktivitäten unmittelbar in die Kernstrategie der Unternehmen zu integrieren sind.[43] Bis zum Jahr 2014 waren große europäische Unternehmen mit mehr als 250 Arbeitnehmern lediglich dazu verpflichtet, nichtfinanzielle Informationen zu Sozial- und Umweltbelangen zu veröffentlichen, zumal diesbezüglich keine konkreten Anforderungen bestanden.[44] Da das Engagement der Unternehmen zur Kommunikation ihrer CSR-Tätigkeiten sowie die Qualität der wenigen Berichte stark variierte, wurde eine Ausweitung und Konkretisierung der Berichterstattungspflicht beschlossen.[45] Schlussendlich wurde durch die Richtlinie 2014/95/EU eine bis dato gültige, europaweit einheitliche Regelung geschaffen, die große Unternehmen ab dem Geschäftsjahr 2017 dazu verpflichtet, bestimmte Informationen über ihre Corporate-Social-Responsibility-Aktivitäten offenzulegen.[46]

3.2 Gesetzliche Grundlagen

3.2.1 Richtlinie 2014/95/EU

Mit der am 15. November 2014 bekannt gemachten Richtlinie 2014/95/EU des Europäischen Parlaments und des Europäischen Rates wurde der Grund-

---

43   Vgl. Europäische Kommission (2011): S. 8.
44   Vgl. Europäische Kommission (2013): S. 7 f.
45   Vgl. Europäische Kommission (2013): S. 5.
46   Vgl. Coenenberg, A./Fink, C. (2017): S. 52.

stein für die heutige Corporate-Social-Responsibility-Berichterstattung gelegt.[47] Mit dem Erlass der Richtlinie zielte die Europäische Union darauf ab, einen Gesetzgebungsvorschlag zu entwerfen, der die Unternehmen zur Angabe von nichtfinanziellen Informationen verpflichtet, jedoch im Hinblick auf die unterschiedlichen Auffassungen von CSR und die Vielseitigkeit der Corporate Social Responsibility den Unternehmen gleichzeitig ein hohes Maß an Flexibilität zugesteht.[48] Die Regelungen sollen laut EU dafür sorgen, dass eine Mindestanforderung an die CSR-Berichterstattungen europäischer Unternehmen geschaffen wird, um die Berichte vergleichbar zu machen.[49]

Bereits in der 2011 veröffentlichten Mitteilung der Europäischen Kommission wurden die Vorteile des CSR-Reporting betont.[50] Dadurch könnten laut EU-Kommission die Auswirkungen der Unternehmen auf die Gesellschaft beurteilt werden, wodurch die Beziehung zu Stakeholdern verbessert und das Vertrauen der Investoren gestärkt werden kann.[51] Laut EU bildet die Offenlegung von nichtfinanziellen Informationen neben weiteren Faktoren die Basis für nachhaltiges Wirtschaften, da sich die Unternehmen somit mit CSR beschäftigen müssen und dadurch der ökonomische Erfolg mit sozialem Engagement und Umweltschutz verbunden werden kann.[52] In diesem Gedanken spiegelt sich das aktuelle Verständnis von CSR der Europäischen Union wider, Sozial- und Umweltbelange direkt in die Kernstrategie zu integrieren. Die Richtlinie 2014/95/EU musste bis zum 06.12.2016 in nationales Recht umgesetzt werden und galt erstmals für im Jahr 2017 beginnende Geschäftsjahre.[53] Wohl wissend, dass die Richtlinie eine Fülle an Informationen über die CSR-Berichterstattung beinhaltet, sollen im Folgenden lediglich die Vorschriften dargestellt werden, auf die in der empirischen Analyse Bezug genommen wird.

Die Richtlinie sieht vor, dass große Unternehmen mit mehr als 500 Mitarbeitern eine nichtfinanzielle Erklärung in ihrem Lagebericht veröffentlichen müssen. Es besteht jedoch auch die Möglichkeit, die Informationen außerhalb des Lageberichts zu publizieren, sofern dieser Bericht den gesetzlichen Anforderungen entspricht.[54] Berichtspflichtige Unternehmen haben mindestens Angaben zu Umwelt-, Sozial- sowie Arbeitnehmerbelangen, Angaben zur

---

[47]   Vgl. Coenenberg, A./Fink, C. (2017): S. 52.
[48]   Vgl. Richtlinie Nr. 2014/95/EU: Rz. 3.
[49]   Vgl. Richtlinie Nr. 2014/95/EU: Rz. 1.
[50]   Vgl. Europäische Kommission (2011): S. 14.
[51]   Vgl. Europäische Kommission (2011): S. 14.
[52]   Vgl. Richtlinie Nr. 2014/95/EU: Rz. 3.
[53]   Vgl. Richtlinie Nr. 2014/95/EU: Rz. 8.
[54]   Vgl. Richtlinie Nr. 2014/95/EU: Rz. 6.

Achtung der Menschenrechte und zur Bekämpfung von Korruption und Bestechung zu machen.[55] Um die Qualität und Vergleichbarkeit der nichtfinanziellen Informationen zu gewährleisten, wurden darüber hinaus konkrete Beispielangaben gemacht, die zu den einzelnen Thematiken publiziert werden sollten. Bezüglich Umweltbelangen sollten Angaben zu voraussichtlichen Auswirkungen des Geschäftsbetriebes auf die Umwelt, zur Beanspruchung erneuerbarer und nicht erneuerbarer Energien sowie Informationen zum Wasserverbrauch, zu Treibhausgasemissionen und aus der Geschäftstätigkeit resultierender Luftverschmutzung gemacht werden. Hinsichtlich sozialer Belange sollte über die Bemühungen des Unternehmens zur Herstellung von Geschlechtergleichstellung, die Sicherheit am Arbeitsplatz, Arbeitsbedingungen sowie den Schutz der Gesundheit und die Achtung der Gewerkschaften berichtet werden. Darüber hinaus sollte konkret angegeben werden, inwiefern das Unternehmen Maßnahmen ergreift, um Menschenrechtsverletzungen vorzubeugen und Korruption wie auch Bestechung zu verhindern.[56] Hierbei gilt es jedoch zu betonen, dass dies lediglich Soll-Vorschriften darstellen und dadurch keine konkrete Pflicht zur Angabe dieser Informationen begründet wird. Nähere Angaben zum formalen Aufbau der nichtfinanziellen Erklärung oder zum nichtfinanziellen Bericht wurden nicht getätigt und anstelle dessen auf nationale, unionsbasierte oder internationale Rahmenwerke verwiesen.[57] Als Beispiele werden Rahmenwerke der EMAS, der Global Compact der Vereinten Nationen, die OECD Leitsätze, die Norm ISO 26000 sowie der Standard der Global Reporting Initiative [GRI] genannt.[58]

Durch die Ausweitung und Konkretisierung der nichtfinanziellen Berichterstattung soll zwar die Anzahl und die Qualität der Berichterstattungen verbessert werden, jedoch in einem angemessenen Verhältnis zum damit in Verbindung stehenden Aufwand der Unternehmen.[59] Daher bezieht sich die Richtlinie lediglich auf große Unternehmen von öffentlichem Interesse mit mehr als 500 Arbeitnehmern.[60] Unternehmen von öffentlichem Interesse sind laut europäischem Recht kapitalmarktorientierte Unternehmen, deren übertragbare Wertpapiere zum Handel auf einem geregelten Markt innerhalb der Europäischen Union zugelassen sind, Kreditinstitute und Versicherungsunternehmen sowie weitere Unternehmen, die von einem Mitgliedstaat als Unternehmen

---

[55]   Vgl. Richtlinie Nr. 2014/95/EU: Rz. 6.
[56]   Vgl. Richtlinie Nr. 2014/95/EU: Rz. 7.
[57]   Vgl. Richtlinie Nr. 2014/95/EU: Rz. 9.
[58]   Vgl. Richtlinie Nr. 2014/95/EU: Rz. 9.
[59]   Vgl. Europäische Kommission (2013): S. 6.
[60]   Vgl. Richtlinie Nr. 2014/95/EU: Rz. 14.

von öffentlichem Interesse bestimmt werden.[61] Wenn ein Mutterunternehmen von öffentlichem Interesse ist, unterliegt zudem der Konzern der Berichtspflicht, wenn die Arbeitnehmeranzahl der in den Konsolidierungskreis einbezogenen Unternehmen mehr als 500 beträgt.[62] Obwohl kleine und mittlere Unternehmen [KMU] nicht unmittelbar berichtspflichtig sind, können sie trotzdem mittelbar von den Regelungen der Richtlinie tangiert werden. Berichtspflichtige Unternehmen müssen nämlich nicht nur unternehmensinterne nichtfinanzielle Informationen offenlegen, sondern auch Unternehmen der Lieferkette und Subunternehmer in die Analyse einbeziehen, sofern dies verhältnismäßig ist.[63] Somit wäre es möglich, dass auch KMU nichtfinanzielle Informationen erheben müssen, wenn ihre Auftraggeber dies verlangen. Des Weiteren stellt die Europäische Union den Mitgliedstaaten frei, bei der nationalen Umsetzung der Richtlinie den Adressatenkreis zu vergrößern, indem die vorgegebenen Schwellenwerte herabgesetzt werden.[64]

Da nach Angaben der EU vor der Verschärfung der Berichtspflicht mangels Regulierung nur circa 2.500 der 42.000 betroffenen Unternehmen in der Europäischen Union ihre nichtfinanziellen Informationen publiziert hatten,[65] wurden die europäischen Mitgliedstaaten verpflichtet sicherzustellen, dass die Regelungen der Richtlinie 2014/95/EU auch in der Praxis tatsächlich Anwendung finden.[66] Aus diesem Grund soll im Rahmen der Abschlussprüfung geprüft werden, ob das Unternehmen seiner Verpflichtung zur Offenlegung nachgekommen ist.[67] Diesbezüglich gewährt die Europäische Union den Mitgliedstaaten die Möglichkeit, die Regelung zu verschärfen und im Rahmen der nationalen Richtlinienumsetzung auch eine inhaltliche Prüfungspflicht einzuführen.[68]

Abschließend kann festgehalten werden, dass im Hinblick auf das aktuelle Verständnis der EU, wonach CSR als ein Konzept verstanden wird, welches soziale, ökologische, ethische, Menschenrechts- sowie Verbraucherbelange direkt in die operative Tätigkeit und Unternehmensstrategie integriert,[69] die Unternehmen durch die Regelungen der Richtlinie 2014/95/EU im Kern über

---

61 Vgl. Richtlinie Nr. 2014/56/EU: S. 202 f.
62 Vgl. Richtlinie Nr. 2014/95/EU: Rz. 14.
63 Vgl. Richtlinie Nr. 2014/95/EU: Rz. 6 i. V. m. Rz. 8.
64 Vgl. Richtlinie Nr. 2014/95/EU: Rz. 14.
65 Vgl. Europäische Kommission (2013): S. 5.
66 Vgl. Richtlinie Nr. 2014/95/EU: Rz. 10.
67 Vgl. Richtlinie Nr. 2014/95/EU: Rz. 16.
68 Vgl. Richtlinie Nr. 2014/95/EU: Rz. 16.
69 Vgl. Europäische Kommission (2011): S. 7.

ihre Corporate-Social-Responsibility-Aktivitäten berichten müssen. In der Literatur sowie in der deutschen Gesetzesbezeichnung zur Richtlinienumsetzung findet sich demnach auch die Bezeichnung CSR-Richtlinie [CSR-RL].[70]

3.2.2 CSR-Richtlinie-Umsetzungsgesetz

Anders als EU-Verordnungen gelten EU-Richtlinien nicht unmittelbar verbindlich, sondern müssen erst in nationales Recht umgesetzt werden.[71] Durch vermehrte Diskussionen über die EU-Richtlinie erfolgte die Umsetzung der Richtlinie 2014/95/EU in deutsches Recht – später als von der Europäischen Kommission gefordert – erst im April 2017 durch das Gesetz zur Stärkung der nichtfinanziellen Berichterstattung der Unternehmen in ihren Lage- und Konzernlageberichten.[72] Die Gesetzesbezeichnung bekam den Zusatz CSR-Richtlinie-Umsetzungsgesetz, wodurch deutlich wird, dass die Unternehmen durch die Regelungen verpflichtet werden, Angaben zu ihren CSR-Aktivitäten zu publizieren. Der deutsche Gesetzgeber hat die Regelungen der EU-Richtlinie 2014/95/EU fast unverändert in nationales Recht umgesetzt, um den Bestrebungen der Europäischen Union, durch die CSR-Richtlinie eine Verbesserung der innereuropäischen Vergleichbarkeit der Berichterstattungen zu erzielen, nicht entgegenzustehen.[73] Durch die Umsetzung wurden im Wesentlichen das Handelsgesetzbuch um weitere Paragrafen ergänzt sowie ausgewählte bestehende Paragrafen abgeändert.[74]

Die CSR-Richtlinie 2014/95/EU sieht vor, dass die nichtfinanziellen Informationen entweder im Lagebericht oder außerhalb in Form eines gesonderten Berichts veröffentlicht werden.[75] Infolgedessen wurden im Zuge der Richtlinienumsetzung die bisher bestehenden gesetzlichen Regelungen des § 289 Handelsgesetzbuch [HGB] und § 315 HGB zum (Konzern-)Lagebericht um die Paragrafen § 289b bis § 289e HGB sowie § 315a bis § 315d HGB

---

[70] Vgl. Schröder, N. (2020): S. 45; vgl. hierzu auch Coenenberg, A./Fink, C. (2017): S. 51; vgl. hierzu auch Gesetz zur Stärkung der nichtfinanziellen Berichterstattung der Unternehmen in ihren Lage- und Konzernlageberichten (CSR-Richtlinie-Umsetzungsgesetz), S. 802.

[71] Vgl. Europäische Kommission: Anwendung des EU-Rechts. Online verfügbar unter https://ec.europa.eu/info/law/law-making-process/applying-eu-law_de, zuletzt geprüft am 31.05.2021.

[72] Vgl. Velte, P. (2017): S. 112.

[73] Vgl. Schröder, N. (2020): S. 63.

[74] Vgl. Gesetz zur Stärkung der nichtfinanziellen Berichterstattung der Unternehmen in ihren Lage- und Konzernlageberichten (CSR-Richtlinie-Umsetzungsgesetz), S. 802.

[75] Vgl. Richtlinie Nr. 2014/95/EU: Rz. 6.

ergänzt.[76] Die Paragrafen § 289b bis § 289e des Handelsgesetzbuches regeln dabei die CSR-Berichterstattung von großen kapitalmarktorientierten Unternehmen, wohingegen sich die § 315a HGB bis § 315d HGB auf die CSR-Konzernberichterstattung beziehen. Letztere verweisen jedoch im Wesentlichen auf die §§ 289b ff. HGB, sodass diese im Grunde genommen die gesetzliche Basis darstellen. Im Folgenden sollen die relevanten Änderungen des Handelsgesetzbuches dargestellt und dabei Vergleiche zu den Vorgaben der CSR-Richtlinie 2014/95/EU gezogen werden.

In § 289b Absatz [Abs.] 1 HGB wird zunächst geregelt, dass große kapitalmarktorientierte Unternehmen im Sinne des § 267 Abs. 3 Satz 1 in Verbindung mit [i. V. m.] § 264d HGB, die mehr als 500 Mitarbeiter beschäftigen, den Lagebericht um eine nichtfinanzielle Erklärung zu erweitern haben. Durch den Verweis auf § 267 Abs. 3 HGB werden eine Bilanzsumme in Höhe von 20 Mio. Euro oder Umsatzerlöse in Höhe von 40 Mio. Euro als zusätzliche Voraussetzung für das Bestehen einer Berichtspflicht festgelegt. Eine Veröffentlichung als gesonderter Abschnitt des Lageberichts ist gemäß § 289b Abs. 1 Satz 3 HGB ebenfalls möglich. Um Dopplungen zu vermeiden, kann in diesem Fall gemäß § 289b Abs. 1 Satz 3 HGB auf die ohnehin nach § 289 Abs. 3 HGB anzugebenden nichtfinanziellen Leistungsindikatoren [NF-LI] verwiesen werden. Kapitalmarktorientierte Mutterunternehmen, deren Mitarbeiterzahl auf Konzernebene 500 übersteigt, werden nach § 315b Abs. 1 HGB zur Aufstellung einer Konzernerklärung verpflichtet. Die Regelungen zu gesonderten Abschnitten im Konzernlagebericht respektive gesonderten nichtfinanziellen Konzernberichten gelten sinngemäß (§ 315b HGB). Hierbei gilt es zu betonen, dass für Mutterunternehmen die Möglichkeit zur Erstellung einer mit dem Konzern zusammengefassten nichtfinanziellen Erklärung [NFE] respektive einem NFB gemäß § 315 Abs. 5 HGB besteht.

Entsprechend der EU-CSR-Richtlinie stellt auch der deutsche Gesetzgeber den Unternehmen die Option zur Verfügung, die nichtfinanziellen Informationen in einem Bericht außerhalb des Lageberichts zu veröffentlichen (§ 289b Abs. 3 Satz 1 HGB). Wenn diese Option gewählt wird, muss der Bericht entweder zusammen mit dem Lagebericht im Bundesanzeiger oder spätestens vier Monate nach Abschlussstichtag auf der Unternehmenswebsite offengelegt werden (§ 289b Abs. 3 Satz 1 Nr. 2 HGB). Sofern ein Unternehmen

---

76   Vgl. Gesetz zur Stärkung der nichtfinanziellen Berichterstattung der Unternehmen in ihren Lage- und Konzernlageberichten (CSR-Richtlinie-Umsetzungsgesetz), S. 802.

in den Konsolidierungskreis eines Mutterunternehmens einbezogen wird, ist es von der Berichtspflicht befreit, wenn das Mutterunternehmen eine nichtfinanzielle Erklärung nach den Regelungen der CSR-RL oder des CSR-RUG publiziert und das Tochterunternehmen in seinem Lagebericht darauf hinweist (§ 289b Abs. 2 HGB).

Um, wie von der EU gefordert, die Anwendung der Regelungen sicherzustellen, muss im Rahmen der Abschlussprüfung gemäß § 317 Abs. 2 Satz 4 HGB geprüft werden, ob der Verpflichtung zur Aufstellung einer nichtfinanziellen Erklärung beziehungsweise eines nichtfinanziellen Berichts [NFB] nachgekommen wurde. Der deutsche Gesetzgeber hat also die von der EU eingeräumte Möglichkeit, bei der Umsetzung in nationales Recht eine inhaltliche Prüfungspflicht einzuführen, nicht wahrgenommen. Auch wenn über den Inhalt keine Prüfungspflicht besteht, muss jedoch im Falle einer inhaltlichen Prüfung das Prüfungsergebnis zwingend publiziert werden (§ 289b Abs. 4 HGB).

Durch die Eins-zu-eins-Umsetzung sind die inhaltlichen Regelungen für die nichtfinanzielle Berichterstattung nach deutschem Recht ebenso wie nach der EU-Richtlinie sehr offen und flexibel gestaltet. So wird in § 289b HGB geregelt, dass die nichtfinanzielle Erklärung neben einer Geschäftsmodellbeschreibung auch Angaben zu Umwelt-, Arbeitnehmer- sowie Sozialbelangen, zur Achtung der Menschenrechte sowie zur Bekämpfung von Korruption und Bestechung beinhalten muss. Der Gesetzgeber hat zu jeder der fünf Thematiken eine Reihe von Beispielen in den Gesetzestext aufgenommen, welche im Wesentlichen mit denen der Richtlinie 2014/95/EU übereinstimmen.[77]

Die qualitativen Angaben müssen zudem durch nichtfinanzielle Leistungsindikatoren quantifiziert werden (§ 289c Abs. 3 HGB). Darüber hinaus müssen zu jeder Kategorie die wesentlichen Risiken, die mit der Geschäftstätigkeit oder den Geschäftsbeziehungen einhergehen, angegeben werden (§ 289c Abs. 3 HGB). Mit dieser Angabepflicht hat der Gesetzgeber analog zur EU die Option geschaffen, bei wesentlichen Aspekten auch kleine und mittlere Unternehmen indirekt in die Berichtspflicht miteinzubeziehen, obwohl diese durch die Größenbeschränkungen des § 289b HGB von der unmittelbaren Berichtspflicht ausgeschlossen sind. Um die von der EU angestrebte Flexibilität der Unternehmen bei der Berichterstattung zu wahren, müssen die

---

[77] Vgl. Richtlinie Nr. 2014/95/EU: Rz. 7 in Verbindung mit § 289b Abs. 2 Nr. 1-5 HGB.

Unternehmen gemäß § 289c Abs. 3 HGB jedoch nur dann Angaben machen, sofern diese für das Verständnis des Geschäftsverlaufs und der Lage des Unternehmens wesentlich sind. Ist das nicht der Fall, muss dies nach § 289c Abs. 4 HGB allerdings ausdrücklich begründet werden. Somit kann das Veröffentlichen redundanter Informationen umgangen werden, wobei gleichzeitig den Stakeholdern symbolisiert wird, in welchen Bereichen das Unternehmen keine oder unwesentliche CSR-Aktivitäten vornimmt. Durch die Regelungen des § 289e HGB hat der Gesetzgeber eine weitere Möglichkeit geschaffen, um die Veröffentlichung von Informationen zu umgehen. Danach müssen Unternehmen keine Angaben machen, sofern ihre Offenlegung zu einem erheblichen Nachteil führen würde. Im Gegensatz zu § 289b Abs. 4 HGB muss darauf nicht ausdrücklich hingewiesen werden.

Die inhaltliche Flexibilität wird gemäß § 289d HGB durch die formale Gestaltungsfreiheit der nichtfinanziellen Berichte begleitet. Es finden sich analog zur CSR-Richtlinie keine gesetzlichen Vorgaben, die den formalen Aufbau der nichtfinanziellen Berichte betreffen. Der Gesetzgeber verweist in diesem Zusammenhang auf die Anwendung von nationalen, supranationalen oder internationalen Rahmenwerken, deren Nutzung jedoch nicht verpflichtend ist (§ 289d Satz 1 HGB).

3.3   Rahmenwerke

3.3.1   Hintergrund

Durch die Eins-zu-eins-Umsetzung der EU-Richtlinie 2014/95/EU hat der deutsche Gesetzgeber die inhaltliche und formale Flexibilität der Corporate-Social-Responsibility-Berichterstattungen erhalten.[78] CSR-Rahmenwerke hingegen konkretisieren die inhaltlichen Anforderungen, indem sie konkrete Kriterien und Leistungsindikatoren definieren, über die ein Unternehmen zu berichten hat.[79] Somit wird den CSR-Berichten eine Struktur verliehen, wodurch die Qualität und Vergleichbarkeit der Corporate-Social-Responsibility-Berichterstattungen gesteigert werden sollen.[80]

In den folgenden Unterkapiteln werden die Inhalte des Global-Reporting-Initiative-Standard als internationaler Standard und die Inhalte des Deutschen Nachhaltigkeitskodexes als nationaler Standard herausgearbeitet und einander

---

[78]   Vgl. Coenenberg, A./Fink, C. (2017): S. 58.
[79]   Vgl. Henrich, J. (2018): S. 91.
[80]   Vgl. Zwick, Y. (2017): S. 223; vgl. hierzu auch Henrich, J. (2018): S. 92.

gegenübergestellt. Der Global-Reporting-Initiative-Standard wird näher betrachtet, da er ein international etabliertes Rahmenkonzept darstellt, welches auch bei DAX-Unternehmen breite Anwendung findet.[81] Der Deutsche Nachhaltigkeitskodex wurde zum einen ausgewählt, da dieser ein nationales CSR-Rahmenkonzept darstellt und im Gesetzesentwurf der Bundesregierung zum CSR-Richtlinie-Umsetzungsgesetz ausdrücklich als Beispiel aufgezählt wurde.[82] Zum anderen wurde er aufgrund des kompakten Aufbaus ausgewählt, da er dadurch auch für kleinere Unternehmen geeignet ist, welche in Zukunft im Hinblick auf eine mögliche Ausweitung der CSR-Berichtspflicht auch unmittelbar betroffen sein könnten.[83]

3.3.2 Global-Reporting-Initiative-Standard

Der Global-Reporting-Initiative-Standard ist ein international anerkanntes Rahmenwerk zur CSR-Berichterstattung.[84] Er zielt darauf ab, die Corporate-Social-Responsibility-Berichte auf internationaler Ebene transparenter, qualitativ hochwertiger und vergleichbarer zu machen.[85] Aus diesem Grund ist der GRI-Standard so ausgelegt, dass er von allen Unternehmen und Organisationen ungeachtet des Landes oder der Branche anwendbar ist.[86] Er wird weltweit von Unternehmen circa 90 verschiedener Länder angewandt und ist das am häufigsten verwendete Rahmenwerk der Welt.[87]

Der GRI-Standard besteht aus insgesamt 36 einzelnen, inhaltlich in Beziehung stehenden Standards. Die Basis schaffen drei zwingend zu beachtende universelle Standards, auf denen insgesamt 33 themenspezifische Standards zu den Gebieten Ökonomie, Ökologie und Soziales fundieren.[88] Dieser modulare Aufbau ermöglicht es, dass die einzelnen Kategorien bei Bedarf leicht überarbeitet werden können, ohne dass das komplette Rahmenkonzept aktualisiert werden muss.[89] Das Unternehmen muss jedoch nicht zu allen 33 themenspezifischen Standards Informationen offenlegen, sondern nur diejenigen Informationen angeben, die für die Geschäftstätigkeit und die Stakeholder von

---

[81] Vgl. Institut für ökologische Wirtschaftsforschung und future e. V. – verantwortung unternehmen (2019): S. 3; vgl. hierzu auch Loew, T./Zwick, Y. (2016): S. 321; die Untersuchung ihm Rahmen dieses Beitrages zeigte zudem, dass 97% der DAX-Unternehmen, die ein Rahmenwerk verwendet haben, auf den GRI-Standard zurückgriffen.
[82] Vgl. BMJV (2016): S. 52.
[83] Vgl. BMAS (Hrsg.) (2021B).
[84] Vgl. Henrich, J. (2018): S. 92.
[85] Vgl. Global Sustainability Standards Board (2016): GRI-Standard 101, S. 3.
[86] Vgl. Henrich, J. (2018): S. 92 f.
[87] Vgl. Henrich, J. (2018): S. 92 f.
[88] Vgl. Global Sustainability Standards Board (2016): GRI-Standard 101, S. 3.
[89] Vgl. Baumast, A. (2019): 2019, S. 45.

Bedeutung sind.[90] Diese wesentlichen Berichtsthemen werden durch die im zwingend anzuwendenden, universellen GRI-Standard 101 definierten Prinzipien identifiziert.[91] Die Themengebiete der spezifischen Standards werden in die Kategorien Ökonomie, Ökologie und Soziales unterteilt.[92] Der GRI-Standard folgt also dem in Kapitel 2.3 beschriebenen Triple-Bottom-Line-Ansatz.[93]

90   Vgl. Henrich, J. (2018): S. 93.
91   Vgl. Global Sustainability Standards Board (2016): GRI-Standard 102, S. 5.
92   Vgl. Global Sustainability Standards Board (2016): GRI-Standard 101, S. 3.
93   Vgl. Pape, J./Weihofen, S. (2019): S. 73.

Universelle Standards		
GRI 101: Grundlagen	GRI 102: Allgemeine Angaben	GRI 103: Managementansatz

Spezifische Standards			
GRI 200 ff.: Ökonomie	GRI 300 ff.: Ökologie	GRI 400 ff.: Soziales	
GRI 201: Wirtschaftliche Leistung	GRI 301: Materialien	GRI 401: Beschäftigung	GRI 410: Sicherheitspraktiken
GRI 202: Marktpräsenz	GRI 302: Energie	GRI 402: Arbeitnehmer-Arbeitgeber-Verhältnis	GRI 411: Rechte der indigenen Völker
GRI 203: Indirekte ökonomische Auswirkungen	GRI 303: Wasser und Abwasser	GRI 403: Arbeitssicherheit und Gesundheitsschutz	GRI 412: Prüfung auf Einhaltung der Menschenrechte
GRI 204: Beschaffungspraktiken	GRI 304: Biodiversität	GRI 404: Aus- und Weiterbildung	GRI 413: Lokale Gemeinschaften
GRI 205: Korruptionsbekämpfung	GRI 305: Emissionen	GRI 405: Diversität und Chancengleichheit	GRI 414: Soziale Bewertung der Lieferanten
GRI 206: Wettbewerbswidriges Verhalten	GRI 306: Abfall	GRI 406: Nichtdiskriminierung	GRI 415: Politische Einflussnahme

	GRI 307: Um-welt Compliance	GRI 407: Vereinigungs-freiheit und Tarifverhand-lungen	GRI 416: Kunden-gesundheit und -sicher-heit
	GRI 308: Um-weltbewertung der Lieferan-ten	GRI 408: Kinderarbeit	GRI 417: Marketing und Kenn-zeichnung
		GRI 409: Zwangs- oder Pflichtarbeit	GRI 418: Schutz der Kundendaten
			GRI 419: So-zioökonomi-sche Compli-ance

Tabelle 1: Aufbau des GRI-Standards[94]

Es ist zu erkennen, dass die soziale Komponente vor der ökologischen Komponente den größten Anteil im Bericht einnimmt. Über welche Themen ein Unternehmen aber genau berichtet, hängt vom Ergebnis der in GRI 101 beschriebenen Wesentlichkeitsanalyse ab.[95] Der Berichtsinhalt umfasst neben qualitativen Informationen auch quantitative nichtfinanzielle Leistungsindikatoren, welche meist Grundzahlen oder Verhältniszahlen darstellen.[96]

Der GRI-Standard ist ein äußerst umfassender Standard, der viele themenspezifische Angaben und Leistungsindikatoren definiert. Zum einen führt die Wesentlichkeitsanalyse dazu, dass nicht auf alle themenspezifischen Angaben und Leistungsindikatoren eingegangen werden muss. Zum anderen kann zwischen den zwei Berichtsarten „Kern" und „Umfassend" gewählt werden. Die Berichtsart „Umfassend" baut auf der Berichtsart „Kern" auf und liefert noch

---

[94] Eigene Darstellung in Anlehnung an Baumast, A. (2019): S. 46.
[95] Vgl. Henrich, J. (2018): S. 95.
[96] Vgl. Global Sustainability Standards Board (2016): GRI-Standard 101, S. 13.

weitere Informationen.[97] Hierbei gilt es jedoch zu betonen, dass die Berichtsoptionen in erster Linie Einfluss auf den Umfang und nicht zwingend auch
auf die Qualität der Berichte haben.[98]

Der GRI-Standard wird von der Europäischen Union in der Richtlinie
2014/95/EU als mögliches Rahmenwerk zur CSR-Berichterstattung genannt.
Betrachtet man die Pflicht-Angaben der CSR-Berichte gemäß
§ 289c Abs. 2 HGB, erkennt man, dass diese vollumfänglich vom GRI-Standard abgedeckt werden. Folglich ist bei der Verwendung des GRI-Standards
als Rahmenwerk gemäß § 289d HGB die Gesetzeskonformität vollständig ge-
wahrt.

3.3.3 Deutscher Nachhaltigkeitskodex

Der Deutsche Nachhaltigkeitskodex [DNK] ist ein nationales Rahmenwerk
zur CSR-Berichterstattung, welches vom Rat für nachhaltige Entwicklung erstellt wird.[99] Der Deutsche Nachhaltigkeitskodex zielt darauf ab, Transparenz
über CSR-Aktivitäten und über die Implementierung einer CSR-Strategie zu
schaffen.[100] In diesem Rahmen definiert der DNK zwanzig konkrete Kriterien, über die die Unternehmen berichten müssen.[101] Dabei orientiert sich der
DNK an den komplexeren internationalen Rahmenwerken der Global Reporting Initiative und der European Federation of Financial Analysts Societies
[EFFAS] und fasst die Anforderungen dieser Rahmenwerke komprimiert zusammen.[102] Das macht den Deutschen Nachhaltigkeitskodex auch für kleine
und mittlere Unternehmen attraktiv, welche nicht unmittelbar der CSR-Berichtspflicht unterliegen.[103] Durch die Übersetzungen ist der Deutsche Nachhaltigkeitskodex grundsätzlich von allen Unternehmen und Organisationen
der Welt anwendbar, jedoch wird er vorrangig von deutschen Unternehmen
angewandt.[104]

Inhaltlich gibt der Deutsche Nachhaltigkeitskodex insgesamt 20 Kriterien vor,
welche in die vier Kategorien Strategie, Prozessmanagement, Umwelt und

---

[97]   Vgl. Global Sustainability Standards Board (2016): GRI-Standard 101, S. 21.
[98]   Vgl. Henrich, J. (2018): S. 95 f.
[99]   Vgl. Rat für nachhaltige Entwicklung (2020): S. 129.
[100]   Vgl. Pape, J./Weihofen, S. (2019): S. 66.
[101]   Vgl. Pape, J./Weihofen, S. (2019): S. 73.
[102]   Vgl. Zwick, Y. (2017): S. 223.
[103]   Vgl. Zwick, Y. (2017): S. 223.
[104]   Vgl. Pape, J./Weihofen, S. (2019): S. 73.

Gesellschaft aufgeteilt werden können.[105] Der Deutsche Nachhaltigkeitskodex orientiert sich somit, ebenfalls wie der GRI-Standard, am Triple-Bottom-
Line-Prinzip.[106] Die ersten zehn Kriterien verlangen Angaben zum Nachhal-
tigkeitskonzept des Unternehmens hinsichtlich der ökonomischen Komponente der Nachhaltigkeit, wohingegen die letzten zehn Kriterien Angaben zur
ökologischen und sozialen Komponente verlangen.[107] Zu jedem einzelnen
Kriterium werden wiederum einzelne Aspekte definiert, welche die zu berichtenden Informationen konkretisieren. Der DNK folgt dem Comply-or-explain-Prinzip.[108] Somit muss entweder darüber berichtet werden, inwiefern
ein Kriterium vom Unternehmen erfüllt wird, oder es muss erläutert werden,
aus welchen Gründen die Erfüllung dem Unternehmen nicht möglich ist.[109]
Das Prinzip hat somit zur Folge, dass zu jedem einzelnen Kriterium Angaben
gemacht werden müssen.

Neben diesen qualitativen Informationen sollen auch quantitative Informationen in Form von Leistungsindikatoren offengelegt werden. Dabei kann das
Unternehmen selbst entscheiden, ob es die Leistungsindikatoren der GRI oder
der EFFAS anwendet.[110] Im Übrigen ist es den Unternehmen freigestellt, noch
weitere wesentliche Leistungsindikatoren offenzulegen.[111] Durch die Verwendung von Leistungsindikatoren sollen die qualitativen Kurzberichte zu
den einzelnen Kriterien mit quantitativ messbaren Informationen unterstützt
werden, was die Transparenz und Vergleichbarkeit erhöhen soll.[112]

Kategorie		Kriterien
Strategie	1.	Strategische Analyse und Maßnahmen
	2.	Wesentlichkeit
	3.	Ziele
	4.	Tiefe der Wertschöpfungskette
Pro-zess-ma-nage	5.	Verantwortung

---

105   Vgl. Rat für nachhaltige Entwicklung (2020): S. 7.
106   Vgl. Pape, J./Weihofen, S. (2019): S. 73.
107   Vgl. Rat für nachhaltige Entwicklung (2020): S. 7.
108   Vgl. Rat für nachhaltige Entwicklung (2020): S. 4.
109   Vgl. Rat für nachhaltige Entwicklung (2020): S. 4.
110   Vgl. Rat für nachhaltige Entwicklung (2020): S. 7.
111   Vgl. Pape, J./Weihofen, S. (2019): S. 72.
112   Vgl. Pape, J./Weihofen, S. (2019): S. 72.

Kategorie		Kriterien
	6.	Regeln und Prozesse
	7.	Kontrolle
	8.	Anreizsysteme
	9.	Beteiligung von Anspruchsgruppen
	10.	Innovations- und Produktionsmanagement
Umwelt	11.	Inanspruchnahme von natürlichen Ressourcen
Umwelt	12.	Ressourcenmanagement
	13.	Klimarelevante Emissionen
Gesellschaft	14.	Arbeitnehmerrechte
	15.	Chancengerechtigkeit
	16.	Qualifizierung
	17.	Menschenrechte
	18.	Gemeinwesen
	19.	Politische Einflussnahme
	20.	Gesetzes- und richtlinienkonformes Verhalten

Tabelle 2: Inhalte des Deutschen Nachhaltigkeitskodexes[113]

Der Tabelle 2 kann man entnehmen, dass die Aspekte des § 289c Abs. 2 HGB vollumfänglich vom DNK abgedeckt werden. Die nach § 289 Abs. 3 HGB zu den Pflichtthematiken anzugebenden Informationen werden jedoch nicht alle vom DNK aufgegriffen. Um trotzdem eine umfassende Konformität mit den Regelungen des CSR-Richtlinie-Umsetzungsgesetzes zu erreichen, beinhaltet der DNK eine gesonderte Auflistung der zusätzlich zu publizierenden Berichtsinhalte.[114]

---

[113]   Eigene Darstellung in Anlehnung an Rat für nachhaltige Entwicklung (2020): S. 125.
[114]   Vgl. Rat für nachhaltige Entwicklung (2020): S. 8 f.

3.3.4 Vergleich der ausgewählten Standards

Vergleicht man den Deutschen Nachhaltigkeitskodex mit dem GRI-Standard, erkennt man, dass beide Rahmenwerke darauf abzielen, die Transparenz bezüglich der CSR-Aktivitäten und der Implementierung eines CSR-Konzeptes zu erhöhen. Beide Rahmenwerke folgen, wie in den vorherigen Unterkapiteln dargestellt, dem Triple-Bottom-Line- Ansatz und beinhalten infolgedessen ökonomische, ökologische und soziale Aspekte der Nachhaltigkeit. Darüber hinaus sind beide Rahmenwerke CSR-RUG-konform, wobei dies beim Deutschen Nachhaltigkeitskodex jedoch nur mit Zusatzangaben erzielt werden kann.

Der GRI-Standard und der Deutsche Nachhaltigkeitskodex unterscheiden sich jedoch auch in einigen Aspekten. So hat der GRI-Standard einen deutlich komplexeren Aufbau. Darüber hinaus bietet der GRI-Standard eine Auswahl möglicher Berichtsaspekte an, wohingegen beim DNK nach dem Comply-or-explain-Prinzip zu allen Aspekten Angaben getätigt werden müssen. Der kompaktere Aufbau und die nicht zwingend durchzuführende Wesentlichkeitsanalyse machen den DNK somit für KMU sowie für Unternehmen, die erstmalig über ihre CSR-Tätigkeiten berichten, attraktiv.[115] Betrachtet man das derzeitige Anwendungsgebiet der Standards, ist zu erkennen, dass der GRI-Standard eine internationale Vergleichbarkeit, der DNK hingegen nur eine innerdeutsche Vergleichbarkeit erzielen kann.

---

[115]   Vgl. Pape, J./Weihofen, S. (2019): S. 73.

23

4 Analyse der Corporate-Social-Responsibility-Berichterstattung in DAX-30- und MDAX-Unternehmen

4.1 Forschungsfeld und Ziel der Analyse

Wie in den vorangehenden Kapiteln des Beitrages dargestellt, können und sollten Corporate-Social-Responsibility-Aktivitäten positive Auswirkungen auf die Gesellschaft und Umwelt sowie auf das Unternehmen selbst haben.[116] Einige der durch CSR-Maßnahmen entstehenden Wettbewerbsvorteile basieren auf dem Verhalten externer Stakeholder. Aufgrund dessen ist es von hoher Relevanz, dass die Unternehmen ihre CSR-Aktivitäten transparent und vergleichbar kommunizieren. Der Gesetzgeber hat diesbezüglich jedoch sehr flexible Rahmenbedingungen vorgegeben. Daher stellt sich die Frage, inwiefern die berichtspflichtigen Unternehmen die Regelungen und Wahlrechte des CSR-RUG in der Praxis umsetzen und wie die CSR-Berichte formal und inhaltlich ausgestaltet sind. Ziel der nachfolgenden Analyse ist es primär zu untersuchen und darzustellen, wie die gesetzlichen Regelungen zur Corporate-Social-Responsibility-Berichterstattung von DAX-30- und MDAX-Unternehmen in die Praxis umgesetzt werden. Ziel der Analyse ist es nicht, die Qualität und Glaubhaftigkeit der CSR-Berichte, sondern die formale Ausgestaltung und die zentralen Berichtsthematiken zu analysieren. Durch den Vergleich der Ergebnisse der vorliegenden Untersuchung mit den Ergebnissen ähnlicher bereits durchgeführter Studien als auch zukünftiger Studien wird die Möglichkeit geschaffen, Entwicklungen zu identifizieren und darzustellen. Dies ist vor allem im Hinblick auf die anstehende Überarbeitung der gesetzlichen Regelungen interessant, da somit die Auswirkungen der Gesetzesänderungen dargestellt werden können.

In der Literatur sind mehrere Studien zur Ausgestaltung der Corporate-Social-Responsibility-Berichte zu finden. Um Dopplungen zu vermeiden, wird im Folgenden lediglich auf die Zielsetzungen der Studien eingegangen, auf die Darstellung der jeweiligen Ergebnisse aber verzichtet. Auf letztere wird an geeigneten Stellen im Diskussionsteil der Analyse Bezug genommen.

---

[116] Vgl. Helmold, M. et al. (2020): S. 176 f.

Das Institut für ökologische Wirtschaftsforschung und der Verein 'future e. V. – verantwortung unternehmen' führten eine Studie durch, bei der die nichtfinanziellen Erklärungen und Berichte des Wirtschaftsjahres 2017 von insgesamt 439 kapitalmarktorientierten sowie nicht kapitalmarktorientierten Unternehmen einem Monitoring unterzogen wurden. Analysiert wurden dabei sowohl der formale Aufbau als auch der Berichtsinhalt.[117]

In den Studien der Kirchhoff Consult AG und der BDO AG Wirtschaftsprüfungsgesellschaft aus den Jahren 2018 und 2020 wurden die nichtfinanziellen Erklärungen und Berichte der Geschäftsjahre 2017 respektive 2019 von Unternehmen des DAX 30, MDAX, SDAX und TecDAX schwerpunktmäßig hinsichtlich ihres formalen Aufbaus, ihrer Veröffentlichungsart und der vorgenommenen Wesentlichkeitsanalyse untersucht.[118] Im Jahr 2020 wurde darüber hinaus eine Studie veröffentlicht, die die Umsetzung des CSR-RUG in den DAX-30-Unternehmen im Berichtszeitraum 2019 analysiert, wobei der Fokus dabei auf die Umweltbelange gelegt worden ist.[119]

Ebenfalls im Jahr 2020 wurde eine Vergleichsstudie von der Fachhochschule der Wirtschaft Campus 02 publiziert, in der die CSR-Berichte der Berichtsjahre 2017 bis 2019 der DAX-30-Unternehmen analysiert und verglichen werden.[120] Darüber hinaus beauftragte das Bundesministerium für Justiz und Verbraucherschutz das Deutsche Rechnungslegungs Standards Committee e. V. im März 2020 mit einer Studie über die praktische Umsetzung des CSR-RUG in deutschen Unternehmen. Diesbezüglich wurde ebenfalls eine ausführliche Vergleichsstudie über die Berichte ausgewählter Unternehmen der Berichtszeiträume 2017 bis 2019 erstellt, deren Ergebnisse im Januar 2021 veröffentlicht wurden.[121] Studien über die Corporate-Social-Responsibility-Berichterstattungen des Berichtzeitraums 2020 sind den Verfassern zum Stichtag 31.05.2021 nicht bekannt.

---

117   Vgl. Institut für ökologische Wirtschaftsforschung und future e. V. – verantwortung unternehmen (2019): S. 3.

118   Vgl. Kirchhoff Consult AG/BDO AG Wirtschaftsprüfungsgesellschaft (2018): vgl. hierzu auch Kirchhoff Consult AG/BDO AG Wirtschaftsprüfungsgesellschaft (2020): Quo Vadis? Die nichtfinanzielle Berichterstattung im DAX 160.

119   Vgl. Kirchhoff Consult AG/BDO AG Wirtschaftsprüfungsgesellschaft (2020): Das CSR-Richtlinie-Umsetzungsgesetz im DAX 30 – Die praktische Ausgestaltung der nichtfinanziellen Berichtspflicht – Fokusthema Umwelt.

120   Vgl. Meiregger, P. (2020).

121   Vgl. Deutsches Rechnungslegungs Standards Committee e. V. (2021).

4.2 Untersuchungsgegenstand

Die Analyse umfasst die nichtfinanziellen Konzernerklärungen respektive Berichte des Geschäftsjahres 2020 von Unternehmen, die zum 01.05.2021 im DAX 30 und MDAX gelistet waren. Eine Auflistung dieser Unternehmen findet sich in Anhang A. Die nach dem CSR-RUG berichtspflichtigen Unternehmen der Grundgesamtheit sind mehrheitlich Mutterunternehmen im Sinne des § 290 Abs. 1 Satz 1 HGB, welche die Möglichkeit haben, ihren Lagebericht mit dem Konzernlagebericht nach § 315 Abs. 5 HGB i. V. m. § 298 Abs. 2 HGB zusammenzufassen. Um die Konsistenz zu wahren, wurden daher ausschließlich die nichtfinanziellen Konzernerklärungen und Konzernberichte des Geschäftsjahres 2020 respektive 2019/20 in die Analyse einbezogen.

Die Analyse wurde auf nichtfinanzielle Erklärungen und Berichte von Unternehmen des DAX 30 und MDAX beschränkt, da in erster Linie möglichst viele nach dem CSR-RUG erstellte CSR-Berichte in der Grundgesamtheit enthalten sein sollten. Dazu wird eine Auswahl großer kapitalmarktorientierter Unternehmen mit Sitz in Deutschland benötigt, die mehr als 500 Arbeitnehmer beschäftigen und deren Bilanzsumme 20 Millionen oder deren Umsatzerlöse 40 Millionen übersteigen. Um als Unternehmen im DAX 30 beziehungsweise MDAX gelistet werden zu können, müssen verschiedene grundlegende Voraussetzungen erfüllt werden. So müssen die Unternehmen unter anderem ihren Sitz oder den wesentlichen Teil ihrer Geschäftstätigkeit in Deutschland haben, an der Frankfurter Wertpapierbörse gelistet sein, über Xetra gehandelt werden und einen Streubesitzanteil von mindestens 10 % aufweisen.[122] Welche dieser Unternehmen schlussendlich im DAX 30 respektive MDAX gelistet werden, hängt vom Orderbuchumsatz und von der Marktkapitalisierung der Streubesitz-Aktien ab. Im DAX 30 sind die diesbezüglich 30 größten Unternehmen gelistet, woran sich der MDAX mit den darauffolgenden größten 60 Unternehmen anschließt.[123] Obwohl die Kriterien weder die Bilanzsumme noch den Umsatz oder die Arbeitnehmeranzahl betreffen, kann bei Betrachtung dieser Kennzahlen bestätigt werden, dass die Mehrheit der Unternehmen im DAX 30 und MDAX der CSR-Berichtspflicht unterliegen.

---

[122] Vgl. STOXX Ltd. (2021): S. 26 f.
[123] Vgl. Deutsche Börse (2019).

Die nichtfinanziellen Erklärungen und Berichte von Unternehmen des DAX 30 und MDAX werden zudem als geeigneter Untersuchungsgegenstand angesehen, da diesbezüglich schon Studien publiziert wurden. Dadurch wird die Möglichkeit zur Einordnung der Ergebnisse in die Literatur sowie zum Vergleich der Ergebnisse geschaffen. Die Analyse von NFEs und NFBs von Unternehmen des DAX 30 und MDAX ermöglicht darüber hinaus interne Vergleiche zwischen den Indizes sowie durch die größere Grundgesamtheit auch aussagekräftigere Branchenbetrachtungen. Im Übrigen müssen große kapitalmarktorientierte Kapitalgesellschaften ihre Lageberichte und somit ihre nichtfinanziellen Erklärungen oder Berichte spätestens vier Monate nach Abschlussstichtag beim Bundesanzeiger einreichen (§ 325 Abs. 4 HGB i. V. m. § 289 Abs. 3 Nr. 2a HGB), wodurch bereits die nichtfinanziellen Erklärungen und Berichte des vorangegangenen Geschäftsjahres 2020 analysiert werden können.

4.3 Methodik

Die nichtfinanziellen Erklärungen und Berichte wurden mithilfe eines Erhebungsbogens einer standardisierten Sichtung unterzogen. Dazu wurde ein Erhebungsbogen erstellt, mit dem jede nichtfinanzielle Erklärung respektive jeder Bericht anhand der nachfolgenden Kriterien analysiert wurde.

Allgemeine Informationen	Firma des Unternehmens
	Branche
	Konzern-Umsatz
	Konzern-Bilanzsumme
	Konzern-Mitarbeiterzahl
Berichtspflicht	Ist der Konzern berichtspflichtig nach CSR-RUG?
	Wurde eine nichtfinanzielle Erklärung für 2020 veröffentlicht?
	Wurde eine zusammengefasste Erklärung/Bericht erstellt?
	Wurde eine NFE oder ein NFB erstellt?

Veröffent-lichung	NFE in Lagebericht integriert
	NFE als separates Kapitel im Lagebericht
	NFB in Geschäfts- bzw. Nachhaltigkeitsbericht inte-griert
	NFB als separates Kapitel im Geschäfts- bzw. Nachhal-tigkeitsbericht
	Wurde die NFE/der NFB auf der Homepage veröffent-licht?
Umfang	Wie viele Seiten umfasst die Erklärung/der Bericht?
Rahmen-werk	Wurde ein Rahmenwerk angewandt?
	Welches Rahmenwerk wurde angewandt?
	Bei GRI: Option „Kern" oder „Umfassend"?
Prüfung	Wurde eine externe inhaltliche Prüfung vorgenommen?
	Wurde mit "limited assurance" oder "reasonable assur-ance" geprüft?
Wesent-lichkeits-analyse	Wurde das Geschäftsmodell beschrieben?
	Wurde eine Wesentlichkeitsanalyse durchgeführt?
	Wie viele Aspekte wurden dabei als wesentlich identifi-ziert?
	Wurden Stakeholder in die Wesentlichkeitsanalyse mit-einbezogen?
Pflichtthe-matiken	Wie viele der fünf Pflichtthematiken wurden behandelt?
	Wurden Angaben zu Umweltbelangen gemacht?
	Wurden NF-LI zu Umweltbelangen angegeben?
	Wurden Angaben zu Arbeitnehmerbelangen gemacht?
	Wurden NF-LI zu Arbeitnehmerbelangen angegeben?
	Wurden Angaben zu Sozialbelangen gemacht?

	Wurden NF-LI zu Sozialbelangen angegeben?
	Wurden Angaben zur Achtung der Menschenrechte gemacht?
	Wurden NF-LI zur Achtung der Menschenrechte angegeben?
	Wurden Angaben zur Bekämpfung von Bestechung und Korruption gemacht?
	Wurden NF-LI zur Korruptions- und Bestechungsbekämpfung angegeben?
	Wurde in einem wesentlichen Aspekt Bezug auf die Lieferkette genommen?
	Gibt es einen Nachhaltigkeitsbericht mit weiteren Informationen?

Tabelle 3: Erhebungsbogen zur Analyse

Die Erstellung des Erhebungsbogens orientierte sich an den in Kapitel 4.1 genannten Studien, um die Ergebnisse vergleichbar zu machen. Zunächst wurden zu jedem Unternehmen allgemeine Informationen erhoben. Diese umfassen zum einen die Branchenzugehörigkeit der Unternehmen, um Vergleiche zwischen den Branchen zu ermöglichen. Diesbezüglich wurde das international anerkannte Branchen-Klassifikationsschema „Industry Classification Benchmark"[124] gewählt. Zur detaillierteren Eingrenzung wurden die Unternehmen Supersektoren zugeordnet. Die Begriffe Branche und Supersektor werden im Folgenden synonym verwendet. Darüber hinaus wurden die für die Berichtspflicht nach CSR-RUG relevanten Kennzahlen Bilanzsumme, Umsatz und Arbeitnehmerzahl des Konzerns erhoben, um überprüfen zu können, ob das Unternehmen die Voraussetzungen der Berichtspflicht nach CSR-RUG erfüllt. Die genannten Daten wurden über die Datenplattform Datastream bezogen.[125]

Zunächst wurden drei Fragen zur Berichtspflicht in den Erhebungsbogen aufgenommen, um zu untersuchen, aus wie vielen nichtfinanziellen Erklärungen

---

[124]   Vgl. FTSE Russel (Hrsg.).
[125]   Vgl. Datastream International; über Refinitiv vom 17.05.2021.

und Berichten sich die Grundgesamtheit zusammensetzt. Anschließend wurden Fragen gestellt, mit Hilfe derer der formale Aufbau und die Kernthematiken der CSR-Berichte analysiert werden können. So wurde mit den einzelnen Fragen der Rubrik „Veröffentlichung" analysiert, wie sich die Unternehmen im Rahmen des Wahlrechts nach § 289b Abs. 1 i. V. m. Abs. 3 HGB zwischen einer nichtfinanziellen Erklärung und einem nichtfinanziellen Bericht entschieden haben. Darüber hinaus wurde untersucht, ob die NFE oder der NFB einen eigenständigen Part einnimmt oder an verschiedenen Stellen in den Bericht inkludiert ist. Des Weiteren wurde überprüft, ob die Unternehmen der elektronischen Veröffentlichung auf der Unternehmenswebsite nachkommen, welche für NFBs gemäß § 289b Abs. 3 Satz 1 Nr. 2b HGB vorgeschrieben ist.

Außerdem sollte analysiert werden, wie umfangreich die Unternehmen über ihre CSR-Aktivitäten berichten, weshalb, wenn möglich, der Seitenumfang der NFEs und NFBs untersucht wurde. Zudem wurden Daten zu freiwilligen inhaltlichen Prüfungen erhoben, um zu erkennen, wie viele Unternehmen trotz fehlender gesetzlicher Verpflichtung die Verlässlichkeit ihrer Daten extern testieren lassen.

Ebenfalls wurde analysiert, wie das Wahlrecht des § 289d HGB hinsichtlich der Verwendung eines Rahmenwerkes in die Praxis umgesetzt wurde. In diesem Rahmen wurde erhoben, ob bei der Erstellung der NFE oder des NFB ein Rahmenwerk genutzt worden ist. Um zu sehen, wie oft die im dritten Kapitel beschriebenen Rahmenwerke Anwendung finden, wurde zudem erfragt, welches Rahmenwerk bei der Berichterstellung angewandt worden ist.

Mit dem letzten Teil des Erhebungsbogens sollte ermittelt werden, inwiefern die Unternehmen über die Pflichtthemen des § 289c HGB berichten oder eventuell von der doppelten Wesentlichkeitsprüfung oder gar von der gesetzlichen Erlaubnis zum Weglassen nachteiliger Angaben gemäß § 289e HGB Gebrauch machen. Aus diesem Grund wurde zunächst erfragt, ob das Unternehmen im Rahmen einer Wesentlichkeitsanalyse wesentliche Aspekte identifiziert hat, und falls ja, wie viele es sind und wie viele Pflichtthematiken des § 289c Abs. 2 HGB davon abgedeckt werden. Diesbezüglich wurde untersucht, zu welchen Pflichtthematiken Angaben und nichtfinanzielle Leistungsindikatoren publiziert wurden. Zu weiteren nach § 289c Abs. 3 HGB anzugebenden Informationen sind keine Daten erhoben worden, da die Analyse nicht auf die Untersuchung der Qualität und der konkreten inhaltlichen Ausgestaltungen abzielt.

Zum Schluss wurde untersucht, ob das Unternehmen in irgendeiner Weise die Lieferkette in die Berichterstattung miteinbezieht, um einschätzen zu können, inwiefern KMU schon jetzt von der indirekten Berichtspflicht betroffen sein könnten. Mit der letzten Frage wurde betrachtet, ob das Unternehmen noch über die gesetzlichen Regelungen hinausgehende freiwillige Angaben zur Nachhaltigkeit in Form eines Nachhaltigkeitsberichts veröffentlicht. Mit Hilfe dieser Daten soll beurteilt werden, ob die gesetzlichen Regelungen eventuell auch ausgedehnt werden könnten.

Nach Abschluss der Erhebungsbogenerstellung wurden die nichtfinanziellen Erklärungen respektive Berichte anhand des Erhebungsbogens analysiert. Der Zugang zu den Informationen wurde über die Unternehmenswebsites geschaffen. Die Veröffentlichungen des Bundesanzeigers wurden, aufgrund der zum Abschlussstichtag der Analyse immer noch ausstehenden Veröffentlichungen, nicht verwendet. Die alstria office REIT-AG wurde ebenso wie die Encavis AG nicht in die Analyse einbezogen, da beide Konzerne zum Abschlussstichtag weniger als 500 Arbeitnehmer beschäftigten und deshalb im Berichtsjahr 2020 nicht berichtspflichtig nach CSR-RUG waren. Die Siemens Healthineers AG wurde ebenfalls nicht in die Analyse einbezogen, da diese zum Konsolidierungskreis der Siemens AG zählt und deshalb in deren zusammengefasster nichtfinanzieller Erklärung Berücksichtigung fand. Sechs Unternehmen mit ausländischem Sitz, namentlich Linde plc, Airbus SE, Aroundtown SA, Grand City Properties SA, QIAGEN N.V. sowie Shop Apotheke Europe, wurden ebenfalls nicht in die Analyse einbezogen, da diese nicht den deutschen Regelungen des CSR-RUG unterliegen. Falls vorhanden, sind die Daten jedoch trotzdem erhoben worden, um sie für weitergehende Analysen bereitzustellen.

Die Daten wurden mit Hilfe von Excel-Tabellen dargestellt beziehungsweise verarbeitet. Abbildungen hierzu finden sich in Anhang B und C. Die Beantwortung der Fragen geschah mittels Zahlen-Kodierung. Dabei steht, wenn nicht anders angegeben, eine Null für Nein und eine Eins für Ja. Falls in der NFE oder im NFB keine Angaben gefunden werden konnten oder die Frage schon durch eine vorangehende Frage ausgeschlossen wurde, ist dies durch einen Punkt deutlich gemacht worden.

Zum Seitenumfang der NFEs oder NFBs wurden nur Angaben gemacht, wenn sich der Seitenumfang eindeutig bestimmen ließ. Bei integrierten NFEs und NFBs war dies nur einmal, bei der Lanxess AG, der Fall. Die Seitenzahlen beziehen sich auf reine Textseiten ohne Inhaltsverzeichnis oder Bestätigungsvermerk des unabhängigen Wirtschaftsprüfers. Da teilweise nicht ersichtlich war, ob sich die Unternehmen bei der Erstellung lediglich an einem Rahmenwerk orientiert oder es vollumfänglich angewandt haben, wurde die Frage, ob ein Rahmenwerk verwendet worden ist, in beiden genannten Fällen bejaht. Die Frage, ob eine Wesentlichkeitsanalyse durchgeführt worden ist, wurde hingegen nur bei Vorliegen von Informationen über deren Prozess bejaht. Sofern lediglich Angaben zu den fünf Pflichtthematiken des HGB gemacht worden sind, wurde dies folglich nicht als durchgeführte Wesentlichkeitsanalyse gewertet. Die Frage, ob externe Stakeholder in die Wesentlichkeitsanalyse einbezogen worden sind, wurde ebenfalls nur bejaht, wenn ausdrücklich Informationen darüber offengelegt wurden. Angaben zu Umwelt, Arbeitnehmern, Sozial- und Menschenrechtsbelangen sind klar definiert und lassen folglich keinen Interpretationsspielraum offen. Als Angaben zur Bekämpfung von Korruption und Bestechung wurden auch Angaben zu Compliance gezählt. Da aus externer Sicht nicht immer erkennbar war, ob die angegebenen Kennzahlen auch gleichzeitig als nichtfinanzielle Leistungsindikatoren gewertet werden können, wurde zur Vereinheitlichung jede angegebene Kennzahl als nichtfinanzieller Leistungsindikator angesehen.[126] So wurden beispielsweise aus Gründen der Konsistenz die im NFB der Hochtief AG angegebenen Kennzahlen als nichtfinanzielle Leistungsindikatoren gewertet, obwohl die Gesellschaft angab, dass diese Kennzahlen keine NF-LI darstellen.

Die Auswertung erfolgte ebenfalls via Excel. Dabei wurden die Daten für DAX 30 und MDAX getrennt ausgewertet, um mögliche Unterschiede erkennen zu können. Da hinsichtlich der Angaben zu den Pflichtthematiken und nichtfinanziellen Leistungsindikatoren keine signifikanten Unterschiede zwischen den Indizes erkennbar waren, wurde an dieser Stelle anstatt eines Indexvergleichs eine branchenspezifische Betrachtung vorgenommen, welche in Abbildung 1 dargestellt wird. Um die Aussagekraft und Vergleichbarkeit zu erhöhen, wurden dabei nur die Branchen einbezogen, denen mindestens

---

[126] Gemäß DRS 20 Rz. 11 i. V. m. Rz. 108 stellen nichtfinanzielle Leistungsindikatoren quantitative Angaben dar, die zur internen Steuerung herangezogen werden. Letzteres konnte jedoch im Rahmen der Analyse nicht überprüft werden, mit der Konsequenz, dass alle Kennzahlen, unabhängig von ihrer Relevanz für die interne Steuerung, als nichtfinanzielle Leistungsindikatoren angesehen wurden.

fünf Unternehmen zugeordnet werden konnten. Somit wurden die Automobil-
und Chemiebranche, die Branchen Consumer Products and Services und Industrial Goods and Services, die Health-Care-Branche genauso wie die Technologiebranche näher betrachtet.

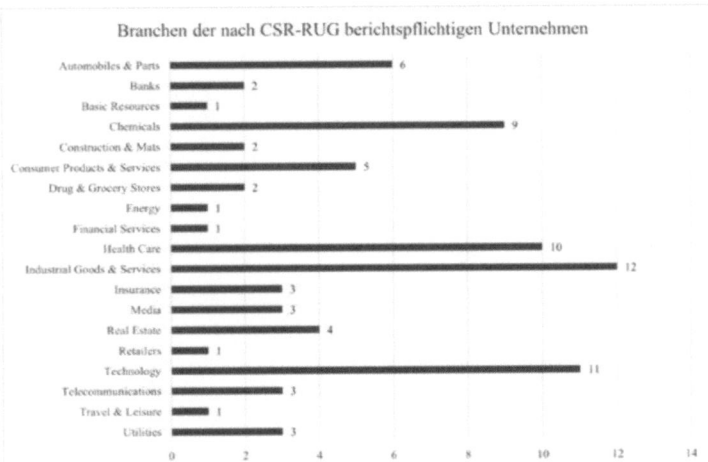

Abbildung 1: Branchen der berichtspflichtigen Unternehmen

4.4 Ergebnisse

4.4.1 Branchenübergreifende Untersuchungsergebnisse

Lediglich ein Unternehmen des DAX 30 und zwei Unternehmen des MDAX
erfüllten die Voraussetzungen der CSR-Berichtspflicht aufgrund einer zu
geringen Mitarbeiterzahl nicht. Der Median beträgt 14.239 Arbeitnehmer. Die
Bilanzsummen betragen zwischen 544 und 1.325.259 Millionen Euro,
wohingegen die Umsatzerlöse zwischen 107 und 269.247 Millionen Euro
betragen. Abbildung 2 zeigt die Kategorisierung der DAX-30- und MDAX-
Unternehmen hinsichtlich der drei relevanten Größenmerkmale
Mitarbeiterzahl, Umsatzerlöse und Bilanzsumme.

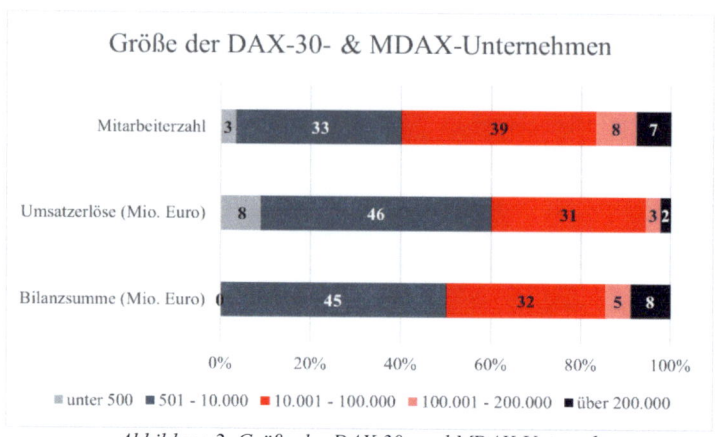

Abbildung 2: Größe der DAX-30- und MDAX-Unternehmen

Insgesamt unterliegen 81 der 90 untersuchten Unternehmen im Berichtsjahr 2020 der Berichtspflicht nach dem CSR-RUG. Lediglich drei Unternehmen der Grundgesamtheit sind davon ausgenommen, da sie zum Abschlussstichtag weniger als 500 Arbeitnehmer beschäftigten. Die verbleibenden sechs Unternehmen unterliegen aufgrund ihres ausländischen Sitzes nicht den deutschen Regelungen. Im DAX 30 finden sich somit 28 und im MDAX 53 nach CSR-RUG berichtspflichtige Unternehmen. Die Grundgesamtheit im MDAX beträgt jedoch nur 52 CSR-Berichte, da die Siemens Healthineers AG in den Konzernabschluss der Muttergesellschaft Siemens AG einbezogen wurde. Abbildung 3 zeigt die Anzahl der berichtspflichtigen Unternehmen, unterteilt nach DAX-30 und MDAX.

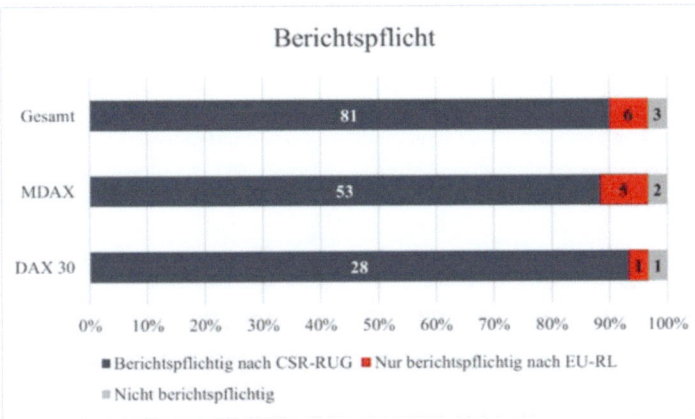

Abbildung 3: Berichtspflicht

Alle 80 Unternehmen haben ihre NFEs beziehungsweise NFBs für das Geschäftsjahr 2020 respektive 2019/20 zum Stichtag der Analyse, 31.05.2021, veröffentlicht. Die NFEs und NFBs sind online auf den Unternehmenswebsites veröffentlicht worden und als PDF-Datei verfügbar. Abbildung 4 zeigt die Anzahl der Unternehmen des DAX-30 und MDAX, welche eine bestimmte Veröffentlichungsform gewählt haben. 14 % der Unternehmen haben ihre nichtfinanzielle Erklärung in den Lagebericht integriert und 28 % haben dieser ein gesondertes Kapitel im Lagebericht gewidmet. Nichtfinanzielle Berichte wurden zu 18 % in den Geschäfts- respektive Nachhaltigkeitsbericht integriert und zu 30 % in einem eigenständigen Kapitel publiziert. 11 % der Unternehmen wählten als Veröffentlichungsart einen gesonderten Bericht außerhalb des Geschäfts- und Nachhaltigkeitsberichts. Hierzu wurden jedoch nur die Unternehmen gezählt, bei denen der Inhalt ihres gesonderten Berichts nicht auch gleichzeitig Teil des Geschäfts- oder Nachhaltigkeitsberichts ist. Unterschiede zwischen DAX 30 und MDAX zeigen sich vor allem bei den integrierten Berichten. So haben nur 6 % der MDAX-Unternehmen, aber 29 % der DAX-30-Unternehmen ihre nichtfinanziellen Informationen in den Lagebericht integriert. Dagegen weisen nur 7 % der DAX-30-Unternehmen, jedoch 23 % der MDAX-Unternehmen die nichtfinanziellen Informationen an geeigneten Stellen im Geschäfts- oder Nachhaltigkeitsbericht aus.

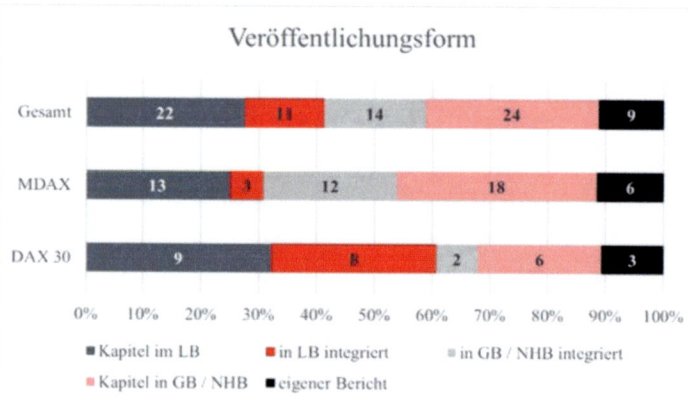

Abbildung 4: Veröffentlichungsformen

64 % der DAX-30-Unternehmen und 65 % der MDAX-Unternehmen publizieren zusätzlich zur NFE respektive zum NFB noch einen Nachhaltigkeitsbericht mit weiterführenden Informationen. Dazu wurden auch die Unternehmen gezählt, die ihren nichtfinanziellen Bericht in den Nachhaltigkeitsbericht integriert haben, sofern noch darüber hinausgehende Informationen angegeben wurden. Zudem nehmen 82 % der DAX-30-Unternehmen und 87 % der MDAX-Unternehmen in ihren NFEs und NFBs Bezug auf die Lieferkette.

Die Seitenzahl der nichtfinanziellen Berichte reicht von einer Seite, welche die Evonik Industries AG publizierte, bis hin zu 215 Seiten, welche von der Henkel AG & Co. KGaA veröffentlicht wurden. Es konnten jedoch nur die Seitenzahlen der NFEs und NFBs von 56 Unternehmen einbezogen werden, da bei der integrierten Berichterstattung bis auf eine Ausnahme keine Bestimmung des Seitenumfangs möglich war. Abbildung 5 liefert Informationen über die Anzahl der Seitenzahlen sowie des sich daraus ergebenden Medians dieser 56 Berichte. Das arithmetische Mittel beträgt aufgrund weniger Berichte mit einer sehr hohen Seitenzahl 27 Seiten, wohingegen der Median 20 Seiten beträgt. Die mittlere absolute Abweichung vom Median beträgt 14 Seiten. Bei den NFEs und NFBs der Unternehmen des DAX 30 beträgt die Spannweite 208 Seiten, beim MDAX nur 118 Seiten. Dahingegen beträgt der Median bei NFEs und NFBs des DAX 30 lediglich 18 Seiten und beim MDAX 21 Seiten. Die mittlere absolute Abweichung vom Median beträgt bei NFEs und NFBs des DAX 30 20 Seiten wohingegen diese beim MDAX nur halb so groß ist.

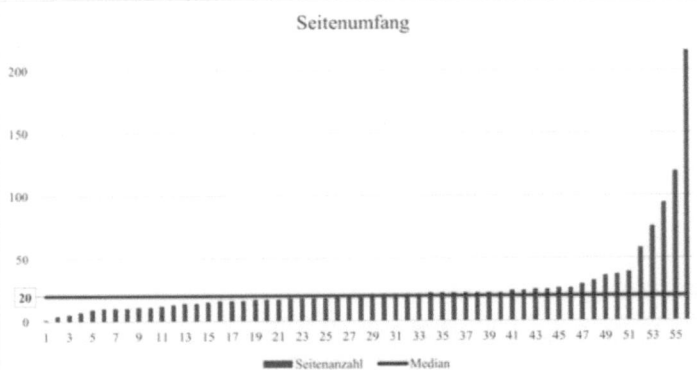

Abbildung 5: Seitenumfang

Allgemein lässt sich feststellen, dass nicht nur der Seitenumfang der Berichte, sondern auch der Umfang der Angaben zu den einzelnen Berichtsthematiken und die Anzahl der angegebenen nichtfinanziellen Leistungsindikatoren variiert. Als Beispiel hierfür wird der nichtfinanzielle Bericht der Aurubis AG angeführt, in dem auf sechseinhalb Seiten Angaben zu Arbeitnehmerbelangen inklusive fünf nichtfinanzieller Leistungsindikatoren veröffentlicht wurden. Über die Bekämpfung von Korruption und Bestechung wurde hingegen nur auf circa einer Seite berichtet und ein einziger nichtfinanzieller Leistungsindikator angegeben.[127]

Insgesamt greifen 73 % der Grundgesamtheit auf die Verwendung von Rahmenwerken zurück. Unternehmen des DAX 30 verwenden mit 79 % prozentual geringfügig häufiger Rahmenwerke bei der Erstellung im Vergleich zu MDAX-Unternehmen mit 69 %. 56 Unternehmen und somit 97 % derjenigen, die ein Rahmenwerk verwenden, nutzen die GRI-Standards. Dabei unterscheiden sich jedoch die Grade der Anwendung voneinander. Manche Unternehmen, wie beispielsweise die BMW AG, veröffentlichen einen speziellen GRI-Content-Index, anhand dessen zu erkennen ist, an welchen Stellen des Berichts oder der Erklärung Angaben zu den jeweiligen GRI-Standards zu finden sind.[128] Andere Unternehmen, wie beispielsweise die Commerzbank AG, orientieren sich lediglich an den Inhalten der GRI-Standards.[129] Daher

---

[127]   Vgl. Aurubis AG (2021): S. 50-56 und S. 67-68.
[128]   Vgl. BMW AG (2021): S. 363.
[129]   Vgl. Commerzbank AG (2021): S. 85.

fanden sich in 48 % der NFEs und NFBs keine Angaben darüber, welche Berichtsoption der GRI-Standards gewählt wurde. 9 % wählen die Option „Umfassend" und 40 % die „Kern"-Option. Thyssenkrupp nutzt die Regelungen
des UN Global Compact und die Knorr-Bremse AG orientiert sich ausschließlich an den Sustainable Development Goals [SDG]. Den in Kapitel 3.3.3 dargestellten Deutschen Nachhaltigkeitskodex nutzte keines der analysierten Unternehmen. Abbildung 6 zeigt die Vewendung eines Rahmenwerkes bei der
CSR-Berichterstellung, unterteilt nach DAX-30 und MDAX-Unternehmen.

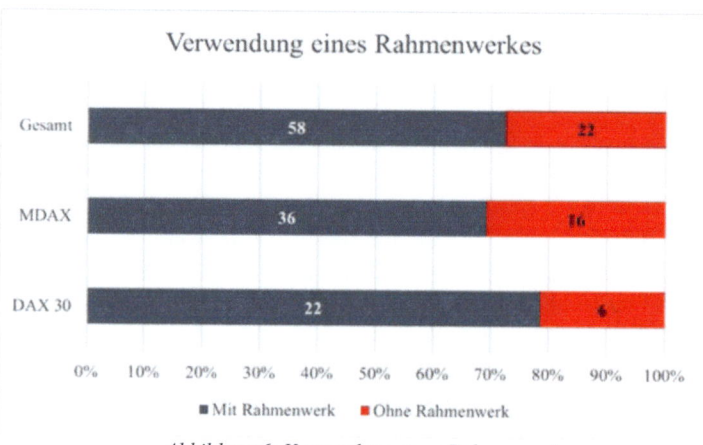

Abbildung 6: Verwendung eines Rahmenwerkes

Insgesamt wurden 68 nichtfinanzielle Berichte und Erklärungen und somit
85 % der Grundgesamtheit extern inhaltlich geprüft. Dies betrifft 75 % der
CSR-Berichte der MDAX-Unternehmen und alle CSR-Berichte der DAX-30-
Unternehmen. Der Anteil der Prüfungen mit „reasonable assurance"[130] beträgt
bei Unternehmen des MDAX nur 10 %, hingegen bei DAX-30-Unternehmen
mit 21 % prozentual mehr als doppelt so viel. Abbildung 7 liefert hierzu eine
bildliche Darstellung.

---

[130]   In diesem Beitrag wird unter „limited assurance" „begrenzte Prüfungssicherheit" und unter
„reasonable assurance" „angemessene Prüfungssicherheit" verstanden.

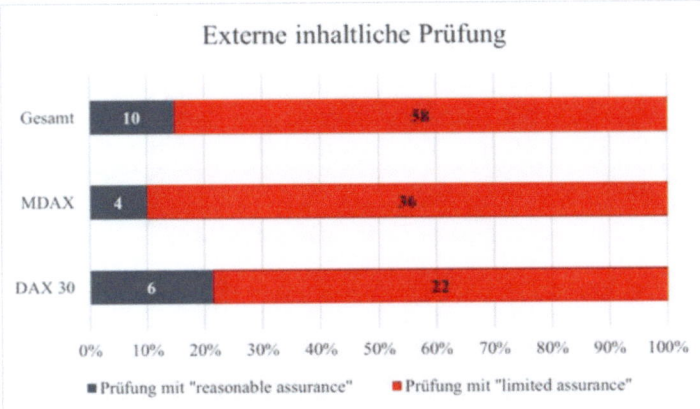

Abbildung 7: Externe inhaltliche Prüfung

Alle 80 Unternehmen kamen der Verpflichtung zur Beschreibung des Ge-
schäftsmodells gemäß § 315c Abs. 1 i. V. m. § 289b Abs. 1 HGB nach. Eine
Wesentlichkeitsanalyse zur Identifikation von Themen, die für das Verständnis des Geschäftsverlaufs und der Auswirkungen des Unternehmens auf die
Pflichtthematiken der Erklärung notwendig sind, wurde von 73 Unternehmen,
also 91 %, durchgeführt. Davon gaben jedoch nur 49 % ausdrücklich an, dass
sie bei der Wesentlichkeitsanalyse ihre externen Stakeholder beispielsweise
mittels Umfragen, wie von der Daimler AG angegeben,[131] einbezogen haben.
Prozentual gesehen gaben Unternehmen des DAX 30 öfter an ihre externen
Stakeholder einzubeziehen als Unternehmen des MDAX. Abbildung 8 zeigt
die prozentuale Anzahl der DAX-30- und MDAX-Unternehmen, welche eine
Wesentlichkeitsanalyse durchgeführt haben sowie die prozentuale Anzahl der
Unternehmen, die dabei externe Stakeholder einbezogen haben.

---

[131]   Vgl. Daimler AG (2021): S. 73.

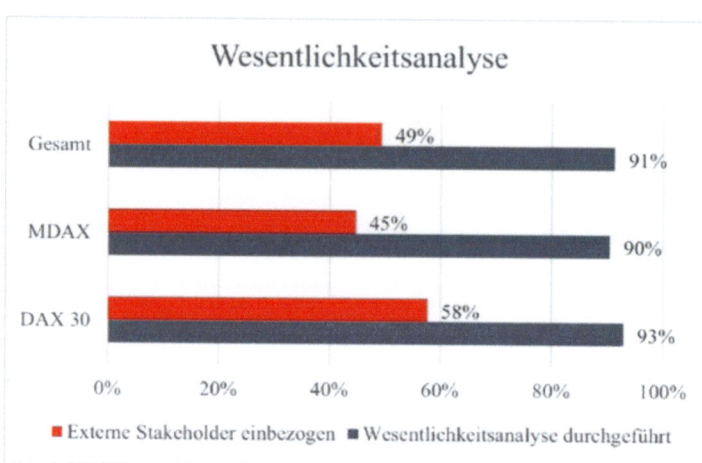

Abbildung 8: Wesentlichkeitsanalyse

Die Anzahl der identifizierten wesentlichen Themen reicht von 2 bis 32. Das arithmetische Mittel beträgt 11, der Median hingegen 9. Detailliertere Informationen hinsichtlich der Anzahl wesentlicher Themen sowie des sich ergebenden Medians können der Abbildung 9 entnommen werden. Die mittlere absolute Abweichung vom Median und vom arithmetischen Mittel beträgt 4. Mit den wesentlichen Themen wurden zu mindestens zwei, meistens jedoch zu allen der fünf in § 289c Abs. 2 HGB genannten Pflichtthematiken Angaben gemacht. Im Durchschnitt wurden 4,56 der fünf Pflichtthematiken in den NFEs respektive NFBs behandelt. Insgesamt haben 56 Unternehmen und somit 68,75 % der Grundgesamtheit Angaben zu allen fünf Pflichtthematiken gemacht.

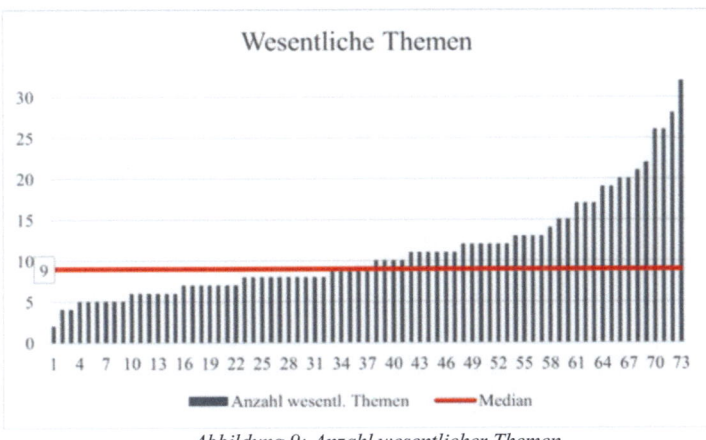

Abbildung 9: Anzahl wesentlicher Themen

Betrachtet man die Angaben zu den einzelnen Pflichtthematiken genauer, wird deutlich, dass alle Unternehmen Angaben zu Arbeitnehmerbelangen gemacht haben. 86 % haben zudem nichtfinanzielle Leistungsindikatoren angegeben. Maßnahmen zur Bekämpfung von Korruption und Bestechung sind in 98 % der untersuchten Erklärungen und Berichte zu finden. Passende nichtfinanzielle Leistungsindikatoren wurden jedoch lediglich von 43 % der Unternehmen gemacht. Hier ist zudem in vielen Fällen lediglich sehr knapp über die Anzahl der bekannt gewordenen Verstöße berichtet worden. Am dritthäufigsten wurde über das Thema Umweltbelange berichtet. Insgesamt machten 93 % der Unternehmen Angaben zu der Thematik und 78 % bestärkten die Aussagen mit der Angabe nichtfinanzieller Leistungsindikatoren. Zu Menschenrechtsbelangen und Sozialbelangen wurde ähnlich häufig berichtet, nämlich zu 84 % beziehungsweise 83 %. Bezüglich dieser beiden Thematiken wurden prozentual am seltensten Angaben zu nichtfinanziellen Leistungsindikatoren gemacht. Lediglich 10 % legten nichtfinanzielle Leistungsindikatoren zu Menschenrechtsbelangen offen, bezüglich der Sozialbelange waren es 26 % der Unternehmen. Die Häufigkeit der Nutzung nichtfinanzieller Leistungsindikatoren variiert. In acht NFEs respektive NFBs wurden zu keiner Thematik nichtfinanzielle Leistungsindikatoren quantifiziert. Als Beispiel ist hier die nichtfinanzielle Erklärung der Hannover Rück SE zu nennen. In den meisten Fällen wurden Angaben zu ausgewählten Themenfeldern quantifiziert. Abbildung 10 zeigt die prozentuale Anzahl an Unternehmen, die Angaben respektive nichtfinanzielle Leistungsindikatoren zu den fünf Berichtsthemen angegeben haben.

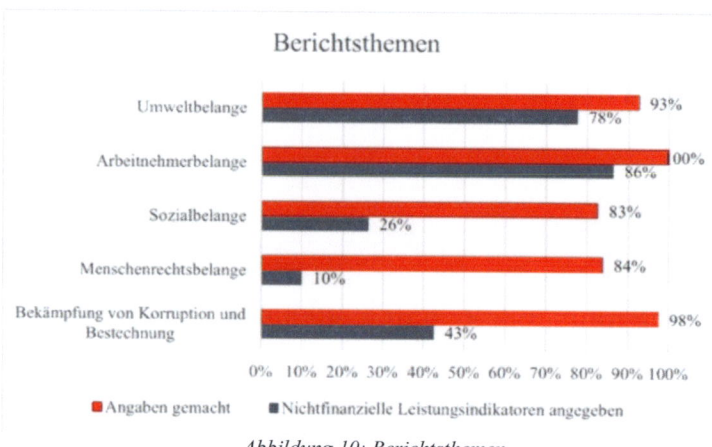

Abbildung 10: Berichtsthemen

4.4.2 Branchenspezifische Untersuchungsergebnisse

Eine differenziertere Analyse nach Branchenzugehörigkeit ermöglicht es, Unterschiede in der Ausgestaltung der NFEs und NFBs der einzelnen Branchen zu erkennen. Hierzu wurden diejenigen Branchen in die Analyse miteinbezogen, denen mindestens fünf Unternehmen eindeutig zugeordnet werden konnten. Unternehmen der Branche Industrial Goods and Services zum Beispiel veröffentlichten mehrheitlich nichtfinanzielle Erklärungen. In der Automobilbranche wurden gleich viele NFEs und NFBs publiziert, wohingegen in allen weiteren analysierten Branchen der nichtfinanzielle Bericht als Publikationsart häufiger gewählt wird als die nichtfinanzielle Erklärung. Eine bildliche Darstellung der gewählten Veröffentlichungsform, untergliedert nach Branchen, findet sich in Abbildung 11.

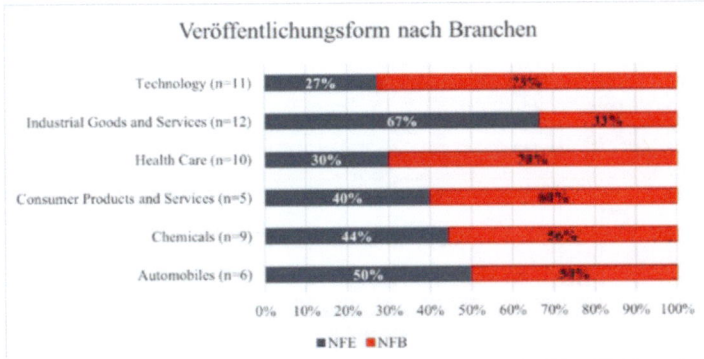

Veröffentlichungsform nach Branchen

- Technology (n=11): 27% NFE, 73% NFB
- Industrial Goods and Services (n=12): 67% NFE, 33% NFB
- Health Care (n=10): 30% NFE, 70% NFB
- Consumer Products and Services (n=5): 40% NFE, 60% NFB
- Chemicals (n=9): 44% NFE, 56% NFB
- Automobiles (n=6): 50% NFE, 50% NFB

■ NFE ■ NFB

Abbildung 11: Veröffentlichungsform nach Branchen

Hinsichtlich des Kriteriums Prüfung lässt sich Folgendes feststellen: Lediglich 64 % der NFEs beziehungsweise NFBs der Technologiebranche wurden inhaltlich geprüft. Von den Unternehmen der Branchen Industrial Goods and Services, Health Care und Chemicals führten 89 % bis 92 % eine Prüfung durch. Die NFEs und NFBs der Branche Consumer Products and Services wurden hingegen allesamt inhaltlich geprüft. Abbildung 12 zeigt die prozentuale Anzahl extern geprüfter NFEs und NFBs, unterteilt nach Branchen. Außerdem wurde bei der Erstellung aller NFEs und NFBs dieser Branche ein Rahmenwerk verwendet. Die NFEs und NFBs der Branchen Health Care und Chemicals wurden zu 90 % respektive 89 % mit einem Rahmenwerk erstellt. NFEs und NFBs der Branche Industrial Goods and Services wurden prozentual am häufigsten ohne Rahmenwerk erstellt, wohingegen in der Automobilbranche der Anteil erneut ausgeglichen ist. Weitere Informationen zur prozentualen Anzahl der Unternehmen der einzelnen Branchen, die bei ihrer CSR-Berichterstattung auf ein Rahmenwerk zurückgegriffen haben, können der Abbildung 13 entnommen werden.

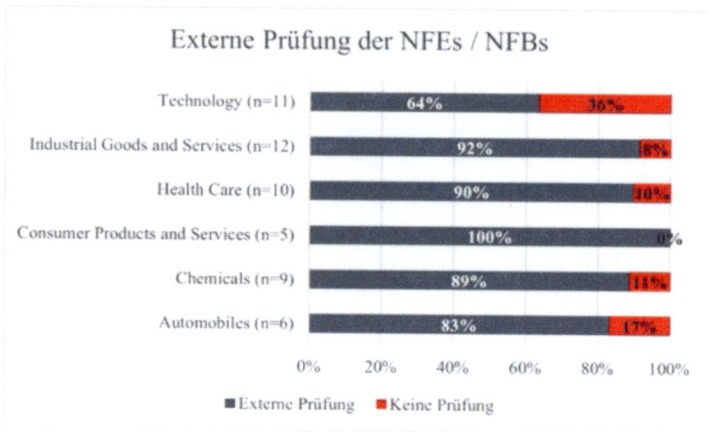

Abbildung 12: Externe inhaltliche Prüfung nach Branchen

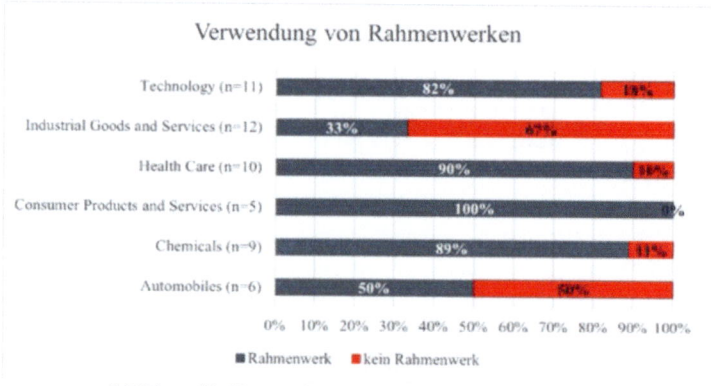

Abbildung 13: Verwendung von Rahmenwerken nach Branchen

Unternehmen der Automobilbranche publizieren prozentual gesehen mit 83 % am häufigsten einen Nachhaltigkeitsbericht mit zusätzlichen Informationen. Daran schließt sich die Chemiebranche mit 78 % und die Branche Industrial Goods and Services mit 75 % an. Die Hälfte der Unternehmen der Health-Care-Branche publiziert einen Nachhaltigkeitsbericht, wohingegen der Anteil in der Technologiebranche 45 % und in der Branche Consumer Products and Services lediglich 20 % beträgt. Angaben zur Lieferkette tätigen in jeder Branche mindestens 83 % der Unternehmen, in der Chemiebranche und der Branche Consumer Products and Services beträgt der Anteil sogar 100 %.

Bezüglich des Umfangs der CSR-Berichte gibt es ebenfalls Unterschiede zwischen den Branchen. So sind die CSR-Berichte von Unternehmen der Automobilbranche im Durchschnitt mit zehn Seiten am kürzesten, wobei der Seitenumfang von fünf bis 18 Seiten reicht. Damit weisen die Seitenzahlen der nichtfinanziellen Berichte und Erklärungen der Automobilbranche die geringste Spannweite auf. Die mittlere absolute Abweichung vom arithmetischen Mittel wie auch vom Median beträgt lediglich vier Seiten. Die größte Spannweite weisen die NFBs und NFEs der Branche Consumer Products and Services auf, bei der der kürzeste nichtfinanzielle Bericht 13 und der längste 215 Seiten umfasst. Im Durchschnitt umfassen die CSR-Berichte dieser Branche aufgrund eines sehr umfassenden Berichts 81 Seiten, der Median beträgt allerdings nur 16 Seiten. Die mittlere absolute Abweichung vom arithmetischen Mittel beträgt 89 Seiten, vom Median 68 Seiten. Die zweitgrößte Spannweite findet sich in der Technologiebranche, deren NFBs einen Seitenumfang zwischen 18 und 119 Seiten haben und im Durchschnitt 41 Seiten lang sind. Der Median liegt ebenfalls deutlich unterhalb des arithmetischen Mittels bei 25 Seiten. Somit beträgt die mittlere absolute Abweichung vom arithmetischen Mittel 26 Seiten, vom Median lediglich 20 Seiten. Der Seitenumfang von NFBs von Unternehmen der Chemiebranche reicht von einer bis 37 Seiten, von Unternehmen der Health-Care-Branche von 14 bis 75 Seiten.

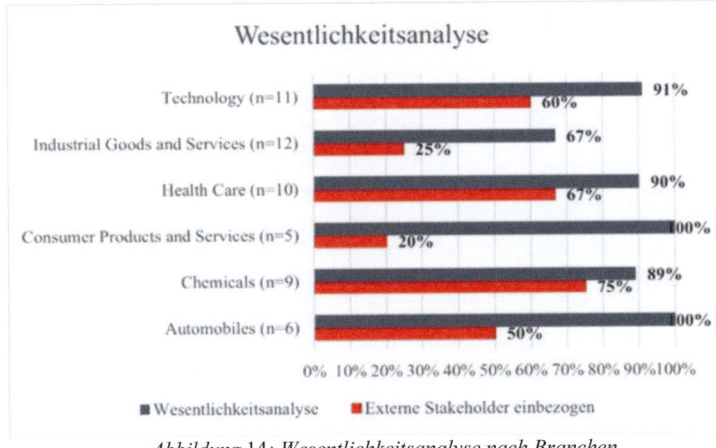

Abbildung 14: *Wesentlichkeitsanalyse nach Branchen*

Abbildung 14 zeigt die prozentuale Anzahl an Unternehmen einer Branche, welche eine Wesentlichkeitsanalyse durchgeführt haben, sowie die prozentuale Anzahl an Unternehmen einer Branche, die dabei externe Stakeholder miteinbezogen haben. Alle Unternehmen der Automobilbranche sowie der Branche Consumer Products and Services haben eine Wesentlichkeitsanalyse zur Bestimmung der relevanten Berichtsthemen durchgeführt. Davon haben jedoch nur 20 % beziehungsweise 50 % ausdrücklich angegeben, dass sie ihre externen Stakeholder einbeziehen. Unternehmen der Branche Industrial Goods and Services führten prozentual gesehen mit 67 % am seltensten eine Wesentlichkeitsanalyse durch, wovon zudem nur 25 % ihre externen Stakeholder einbezogen haben. In den übrigen analysierten Branchen wurde zu 89 % bis 91 % eine Wesentlichkeitsanalyse durchgeführt. Der Einbezug externer Stakeholder schwankt zwischen 60 % und 75 %.

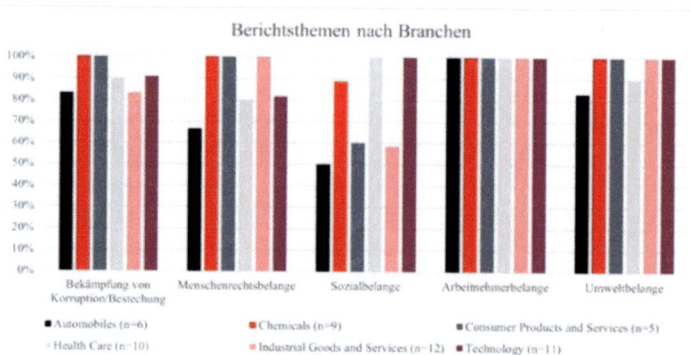

Abbildung 15: Berichtsthemen nach Branchen

Abbildung 15 zeigt die prozentuale Anzahl der Unternehmen einer Branche, welche Angaben zu einer Berichtsthematik gemacht haben. Alle Unternehmen der untersuchten Branchen machten Angaben zu Arbeitgeberbelangen. Zu Umweltbelangen berichteten in vier der sechs Branchen ebenfalls alle Unternehmen. Nur in der Automobil- und Health-Care-Branche liegt der Anteil bei lediglich 83 % beziehungsweise 90 %. Zu Menschenrechtsbelangen berichteten alle Unternehmen der Branchen Chemie, Consumer Products and Services sowie Industrial Goods and Services. Der Anteil der berichtenden Unternehmen liegt in den verbleibenden drei Branchen bei mindestens 67 %. Der Anteil von Unternehmen, die Angaben zur Bekämpfung von Korruption und Bestechung machten, lag in jeder Branche bei mindestens 83 %. Die größten Unterschiede gibt es hinsichtlich der Angaben zu Sozialbelangen. Während alle Unternehmen der Technologie- und Health-Care-Branche Angaben dazu machten, lag der Anteil in den anderen Branchen, mit Ausnahme der Chemiebranche, nicht höher als 60 %.

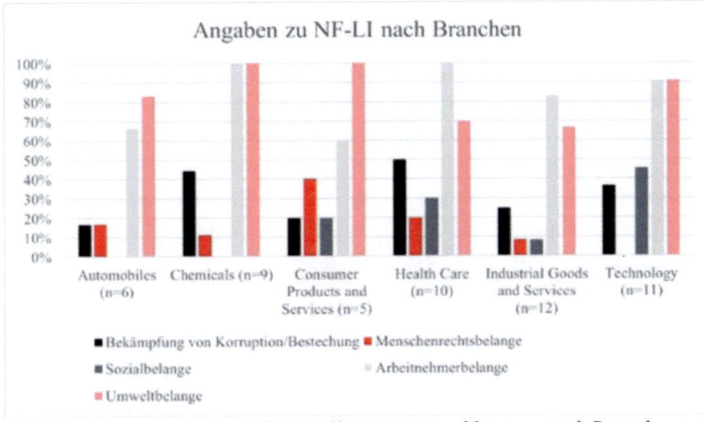

Abbildung 16: Nichtfinanzielle Leistungsindikatoren nach Branchen

Bei der Angabe von nichtfinanziellen Leistungsindikatoren gibt es ebenfalls branchenspezifische Unterschiede. Abbildung 16 zeigt diesbezüglich die prozentuale Anzahl der Unternehmen einer Branche, welche nichtfinanzielle Leistungsindikatoren zu den Berichtsthemen angegeben haben. Die Angaben zu Umwelt- und Arbeitnehmerbelangen werden in jeder Branche von mindestens 60 % der Unternehmen quantifiziert und somit prozentual am häufigsten angegeben. Zu diesen beiden Themenfeldern liegt der Anteil berichtender Unternehmen in jeder Branche bei mindestens 83 %. Quantifizierte Angaben zur Bekämpfung von Korruption und Bestechung werden in jeder Branche von mindestens einem Unternehmen gemacht. Am häufigsten wird eine Quantifizierung dieser Angaben in den CSR-Berichten der Health-Care-Branche vorgenommen, der Anteil liegt jedoch auch dort nur bei 40 %. In der Automobil- und Chemiebranche veröffentlichte kein einziges Unternehmen nichtfinanzielle Leistungsindikatoren zu Sozialbelangen, obwohl 50 % respektive 89 % der Unternehmen zu dieser Thematik qualitative Angaben gemacht haben. Der Anteil von Unternehmen, die nichtfinanzielle Leistungsindikatoren zu Sozialbelangen angeben, liegt in keiner Branche bei mehr als 45 %, bezüglich Menschenrechtsbelangen sogar nur bei nicht mehr als 40 %. In der Technologiebranche veröffentlichten zwar 82 % der Unternehmen Angaben zu Menschenrechtsbelangen, eine Quantifizierung hat jedoch keines der Unternehmen vorgenommen.

4.5 Diskussion der Ergebnisse

Die Analyse zielte darauf ab, zu untersuchen, wie die Regelungen des CSR-RUG in der Praxis umgesetzt werden und ob das Ziel der Gesetzgebung, die Vergleichbarkeit zu erhöhen, erfüllt worden ist. Mit den in Kapitel 4.4 beschriebenen Ergebnissen wird ein Überblick über die praktische Umsetzung des CSR-RUG in deutschen DAX-30- und MDAX-Unternehmen gegeben. Es zeigt sich, dass manche Wahlrechte innerhalb der Grundgesamtheit sehr homogen, andere wiederum heterogen ausgeübt werden.

So wird das Wahlrecht zur Veröffentlichung einer nichtfinanziellen Erklärung oder eines Berichts von den Unternehmen sehr unterschiedlich ausgeübt. Diese Erkenntnis steht im Einklang mit den Ergebnissen der Studie der Kirchhoff Consult AG aus dem Jahr 2020.[132] Die Ergebnisse könnten aus der Tatsache abgeleitet werden, dass die Unternehmen verschiedene Ausgangsbedingungen bezüglich der CSR-Berichterstattung haben. Möglicherweise wird diejenige Veröffentlichungsform gewählt, die für die Unternehmen mit dem geringsten Aufwand verbunden ist.

Hinsichtlich einer inhaltlichen Prüfung und der Verwendung eines Rahmenwerks zeigt sich eine homogenere Wahlrechtsausübung. So nutzt die Mehrheit der Unternehmen trotz fehlender gesetzlicher Verpflichtung bei der Erstellung ihrer NFEs respektive NFBs den GRI-Standard als Rahmenwerk und lässt diese inhaltlich prüfen. Diese Erkenntnisse werden durch die Studie der Kirchhoff Consult AG und BDO AG sowie durch die Studie der Fachhochschule Campus 02 bestätigt.[133] Darüber hinaus passen die Ergebnisse auch zu der Annahme, dass sich durch die Anforderungen von Stakeholdern eine gesetzlich nicht vorgeschriebene Best Practice durchgesetzt hat, die die Mehrheit der Unternehmen befolgt. Diesbezüglich könnte vermutet werden, dass die Regelungen des CSR-RUG den Stakeholdern der großen kapitalmarktorientierten Unternehmen des DAX 30 oder MDAX zu schwach sind und ihren Anforderungen an die CSR-Berichterstattung nicht gerecht werden. Dies

---

[132]   Vgl. Kirchhoff Consult AG/BDO AG Wirtschaftsprüfungsgesellschaft (2020B): S. 21.
[133]   Vgl. Meiregger, P. (2020): S. 30; vgl. hierzu auch Kirchhoff Consult AG/BDO AG Wirtschaftsprüfungsgesellschaft (2020B): S. 8 i. V. m. S. 30.

könnte auch ein Grund dafür sein, dass die Mehrzahl der Unternehmen einen freiwilligen Nachhaltigkeitsbericht mit zusätzlichen Informationen zur Corporate Social Responsibility veröffentlicht hat. Beispielsweise gibt die Deutsche Telekom AG diesbezüglich an, einen zusätzlichen Corporate Responsibility Report zu veröffentlichen, um die Transparenzanforderungen ihrer Stakeholder erfüllen zu können.[134] Außerdem gibt eine Vielzahl der Unternehmen an, sich lediglich an den GRI-Standards zu orientieren und deren Vorgaben nicht vollumfänglich nachzukommen. Daraus könnte die Hypothese abgeleitet werden, dass für die Erfüllung der wenigen flexiblen Regelungen des CSR-RUG kein solch komplexes Rahmenwerk wie die GRI-Standards erforderlich ist.

Hinsichtlich der in § 289b Abs. 2 HGB aufgezählten Berichtsthematiken lässt sich feststellen, dass zu jeder der fünf Thematiken immer von mindestens 83 % der Unternehmen Angaben gemacht wurden. Diese wurden jedoch deutlich seltener auch durch nichtfinanzielle Leistungsindikatoren quantifiziert.[135] Die Ergebnisse der Studie des Instituts für ökologische Wirtschaftsforschung und future e. V. bestätigen diese Erkenntnisse ebenfalls,[136] auch wenn die Ergebnisse aufgrund einer anders definierten Grundgesamtheit nur eingeschränkt vergleichbar sind.[137] Auffallend ist, dass zu Arbeitnehmerbelangen am häufigsten Angaben sowie nichtfinanzielle Leistungsindikatoren publiziert wurden. Dies könnte damit erklärt werden, dass Arbeitnehmerbelange das Unternehmen unmittelbar auch in der ökonomischen Sphäre betreffen und somit eventuell öfter Daten erhoben werden, welche dann im Rahmen der CSR-Berichterstattung publiziert werden können. Angaben zur Bekämpfung von Korruption und Bestechung werden am zweithäufigsten angegeben, gefolgt von Angaben zu Umweltbelangen. Zu letzteren werden jedoch auch von 78 % der Unternehmen nichtfinanzielle Leistungsindikatoren angegeben. NF-LI zur Bekämpfung von Korruption und Bestechung werden nur von 43 % der Unternehmen veröffentlicht. Die Häufigkeit der gemachten Angaben zur Bekämpfung von Korruption und Bestechung könnte mit umfangreichen Compliance-Regelwerken einerseits und dem politischen und gesellschaftlichen

---

[134] Vgl. Deutsche Telekom AG (2021): S. 80.
[135] Vgl. Loew, T./Braun, S. (2019): S. 53; vgl. hierzu auch Richter P. C./Gawenko, W./Kinne K. (2021): S. 709.
[136] Vgl. Institut für ökologische Wirtschaftsforschung und future e. V. – verantwortung unternehmen (2019): S. 18 ff.
[137] Die Grundgesamtheit der Studie des Insituts für ökologische Wirtschaftsforschung umfasste NFEs und NFBs von 439 Unternehmen, von denen 202 Unternehmen kapitalmarktorientiert waren. Vgl. Institut für ökologische Wirtschaftsforschung und future e. V. – verantwortung unternehmen (2019): S. 9.

Druck hinsichtlich ökologischer Nachhaltigkeit andererseits zusammenhängen. Es könnte vermutet werden, dass der hohe Anteil an Unternehmen, die NF-LI zu Umweltbelangen publizieren, zum einen aus der erhöhten Sensibilität der Stakeholder resultiert. Zum anderen könnte auch die Bedeutung der Kennzahlen auf ökonomischer Ebene, wie beispielsweise die Erhebung von Daten zum Energieverbrauch hinsichtlich Effizienzsteigerungen und Minderung der Stromkosten, eine Rolle spielen.

Schlussendlich kann durch die Analyse eine Einschätzung ermöglicht werden, inwiefern durch die Regelungen des CSR-RUG die Vergleichbarkeit der NFEs und NFBs gewährleistet wird. Die Ergebnisse der Analyse zeigen, dass es deutliche Unterschiede bezüglich der Berichtslänge und der als wesentlich identifizierten Aspekte gibt. Auch innerhalb der homogenen Wahlrechtsausübungen existieren Unterschiede. So wenden zwar 97 % der ein Rahmenwerk benutzenden Unternehmen die GRI-Standards an, dabei reicht jedoch der Grad der Anwendung von einer lediglich groben Orientierung bis hin zu einer Anwendung aller einzelnen Standards inklusive GRI-Index. Auch bei der externen Prüfung gibt es Unterschiede durch Prüfungen mit „limited assurance" und „reasonable assurance". Außerdem ist ersichtlich, dass zu jeder in § 289c Abs. 2 HGB genannten Berichtsthematik von mindestens 83 % der Unternehmen Angaben gemacht wurden. Somit wird in gewisser Weise durch die Regelungen des CSR-RUG eine Mindestanforderung definiert, welche jedoch durch die doppelte Wesentlichkeitsanalyse oder durch die Regelungen des § 289e HGB unterschritten werden kann. Zusammenfassend kann also festgehalten werden, dass durch die anwenderfreundlichen sowie flexiblen Regelungen und Wahlrechte des CSR-RUG eine nur eingeschränkte Vergleichbarkeit der nichtfinanziellen Erklärungen und Berichte erzielt wurde.

Begrenzungen der Analyse ergaben sich bei der Identifikation nichtfinanzieller Leistungsindikatoren, da aus externer Sicht nicht beurteilt werden konnte, inwiefern die angegebenen Kennzahlen steuerungsrelevant sind. Aus diesem Grund wurde jede publizierte Kennzahl als nichtfinanzieller Leistungsindikator gewertet. Außerdem gestaltete sich die Bestimmung des Seitenumfangs bei inkludierten NFEs und NFBs aufgrund der vielen Verweise als sehr schwierig. Schließlich konnte lediglich der Seitenumfang einer inkludierten Erklärung bestimmt werden. Darüber hinaus sind die ermittelten Seitenzahlen aufgrund der unterschiedlichen formalen Gestaltung nur eingeschränkt vergleichbar.

Die vorliegende Analyse zielte auf die Untersuchung der formalen Ausgestaltung und der behandelten Kernthematiken ab. Weiterer Forschungsbedarf ergibt sich hinsichtlich der Qualität und Vergleichbarkeit der inhaltlichen Ausgestaltung der nichtfinanziellen Berichte und Erklärungen. So könnte auf den Ergebnissen dieser Analyse aufbauend untersucht werden, welche konkreten Aspekte und Kennzahlen zu den einzelnen Berichtsfeldern publiziert werden und wie umfangreich sich die einzelnen Angaben zu den Thematiken gestalten. Die Analyse könnte zudem als Ausgangspunkt für weitere Forschungsaktivitäten hinsichtlich der supranationalen Vergleichbarkeit von CSR-Berichterstattungen innerhalb der Europäischen Union auf Basis der Regelungen der Richtlinie 2014/95/EU herangezogen werden. Ferner könnte sie bezüglich der anstehenden Überarbeitung der Richtlinie 2014/95/EU als Vergleichsstudie dienen, um die aus den Gesetzesänderungen resultierenden Veränderungen zu analysieren.

5 Weiterentwicklung der Corporate-Social-Responsibility-Berichterstattung

5.1 Kritik an den gesetzlichen Regelungen

Aus der Durchführung der Analyse und den Ergebnissen lassen sich neben positiven Aspekten auch Kritikpunkte an der Richtlinie 2014/95/EU und dem CSR-RUG begründen. Diese werden im Folgenden dargestellt und an den jeweiligen Stellen diskutiert.

Bei der Durchführung der Analyse wurde deutlich, dass, bedingt durch die verschiedenen Veröffentlichungsarten, die NFEs und NFBs an unterschiedlichen Orten publiziert werden. Dadurch müssen die Stakeholder eigens herausfinden, ob die Informationen im Lagebericht, im Geschäftsbericht, im Nachhaltigkeitsbericht oder in einem eigenständigen Bericht veröffentlicht wurden, was sehr zeitaufwendig ist. Bei der Analyse der NFEs und NFBs wurde zudem festgestellt, dass die integrierte Berichterstattung aus Stakeholdersicht bedeutend unübersichtlicher ist als die Berichterstattung in Form eines eigenständigen Berichts oder Kapitels. Durch die vielen Verweise war in diesen Fällen eine viel umfangreichere und aufwendigere Analyse notwendig. Allerdings muss an dieser Stelle auch erwähnt werden, dass durch die Verweise Dopplungen vermieden, den Unternehmen somit Aufwand erspart und die Berichte vor einer nicht notwendigen Streckung bewahrt werden können. Für die Unternehmen ist das Wahlrecht daher vorteilhaft, da die Veröffentlichungsart individuell gewählt werden kann, aus der am wenigsten Aufwand resultiert. In der Literatur hingegen wird die Möglichkeit der Veröffentlichung nichtfinanzieller Informationen außerhalb des Lageberichts hinsichtlich der Bestrebungen eines Integrated Reporting kritisiert.[138] Es wird angeführt, dass durch die Verbindung von finanziellen und nichtfinanziellen Informationen innerhalb des Lageberichts eine bessere Darstellung des Gesamtbildes erzielt werden könne.[139]

Die Möglichkeit einer mit der Konzernerklärung zusammengefassten NFE oder eines NFB wurde von allen nach CSR-RUG berichtspflichtigen Unternehmen genutzt. Dies kann einerseits als positiv angesehen werden, da somit die Informationen im Gesamtzusammenhang der Konzernstrukturen erhoben und

---

[138] Vgl. Schröder, N. (2020): S. 91 f.
[139] Vgl. Wagner, J./Mayer, M./Kubessa, D. (2018): S. 939.

dargestellt werden, wodurch den Adressaten ein umfassenderes Bild vermittelt werden kann. Andererseits wurde im Rahmen der Analyse auch deutlich, dass diese Option es enorm erschwert, Daten zu CSR-Maßnahmen eines bestimmten Unternehmens des Konsolidierungskreises zu erheben. Es ist davon auszugehen, dass für Investitionsentscheidungen von Großinvestoren oder Privatanlegern am Kapitalmarkt solche unternehmensspezifischen Informationen jedoch durchaus relevant sein könnten.

Die in § 289d HGB gegebene Möglichkeit, dass für das Unternehmen nachteilige Informationen nicht veröffentlicht werden müssen, wird äußerst kritisch gesehen. Für externe Berichtsadressaten ist somit nämlich nicht ersichtlich, ob nachteilige Aspekte vorhanden sind oder nicht, was insgesamt zu einer Verzerrung des Gesamtbildes führen könnte. Das Prinzip der doppelten Wesentlichkeit hingegen wird positiv angesehen, da somit den Stakeholdern keine prinzipiell unwesentlichen Informationen vorgelegt werden müssen und gleichzeitig aber auch klar kommuniziert werden muss, aus welchen Gründen ausgewählte Thematiken für das Unternehmen nicht wesentlich sind. In der Literatur wird jedoch auch Kritik am Prinzip der doppelten Wesentlichkeit geübt, da somit Berichtsthemen ausgeschlossen werden können und der Vergleich zwischen einzelnen Branchen erschwert werden kann.[140]

Darüber hinaus zeigte sich, dass zwar die Mehrheit der Unternehmen des DAX 30 und MDAX die GRI-Standards verwenden, jedoch einige anstelle einer ganzheitlichen Anwendung lediglich eine Orientierung vornehmen. Begründet wurde dies unter anderem mit dem unterschiedlichen Wesentlichkeitsverständnis des HGB und des GRI-Standards.[141] Dies zeigt, dass die gesetzlichen Regelungen weder die Anwendung eines Rahmenwerkes vorschreiben, noch ein an die Anforderungen der Richtlinie 2014/95/EU angepasstes Rahmenwerk vorhanden ist. Dies führt dazu, dass die Berichte teilweise schwer vergleichbar sind, da keine allgemeingültigen Regularien zum formalen Aufbau und zur inhaltlichen Gliederung der Berichte vorhanden sind. Darüber hinaus erscheinen die GRI-Standards für die geringen Mindestanforderungen des CSR-RUG als zu weitgehend und umfangreich.

Zudem führt die fehlende Pflicht zur inhaltlichen Prüfung der NFEs und NFBs dazu, dass die Stakeholder keinerlei Bestätigung über die Reliabilität der

---

[140]   Vgl. Behncke, N./Wulf, I. (2018): S. 575.
[141]   Vgl. MTU Aero Engines AG (2021): S. 93; vgl. hierzu auch Münchener Rück AG (2021): S. 58.

publizierten Informationen haben. Die fehlende inhaltliche Prüfungspflicht wird in der Literatur unter anderem auch deshalb kritisiert, da sie bei NFEs dazu führen kann, dass nach § 317 HGB verpflichtend zu prüfende finanzielle Teile direkt neben ungeprüften nichtfinanziellen Informationen stehen und es für Stakeholder schwer ersichtlich sein kann, welche Informationen geprüft wurden und welche nicht.[142]

Zu guter Letzt wird Kritik am Anwendungsbereich der CSR-Berichtspflicht geübt. Durch die Begrenzung berichtspflichtiger Unternehmen auf kapitalmarktorientierte Unternehmen mit mehr als 500 Mitarbeitern sind derzeit nur circa 500 bis 600 Unternehmen in Deutschland dazu verpflichtet, CSR-Berichte zu veröffentlichen.[143] Hinsichtlich der hohen Bedeutung von CSR-Maßnahmen für die Gesellschaft und die Umwelt erscheint es sinnvoller, den Kreis berichtspflichtiger Unternehmen zu vergrößern, um mehr Unternehmen dazu zu bringen, sich mit dem Thema CSR auseinanderzusetzen.[144]

5.2 Vorschläge zur Überarbeitung der europäischen Richtlinie

Die Europäische Kommission hatte sich im Rahmen des European Green Deals der Überarbeitung der Richtlinie 2014/95/EU angenommen.[145] Der darauf Bezug nehmende Vorschlag zur Richtlinienänderung wurde am 21. April 2021 publiziert.[146] Daher werden in diesem Kapitel zum einen die Überarbeitungsvorschläge der Europäischen Kommission dargestellt. Zum anderen werden auch aus den zuvor dargestellten Kritikpunkten Weiterentwicklungsmöglichkeiten abgeleitet und zusammen mit den Überarbeitungsvorschlägen der Europäischen Kommission kritisch gewürdigt.

Um Stakeholdern den Zugang zu nichtfinanziellen Informationen zu erleichtern, sollten die Berichte und Erklärungen laut Vorschlag der Europäischen Kommission verpflichtend in digitaler Form veröffentlicht werden.[147] Um dabei die maschinelle Analyse der nichtfinanziellen Erklärungen zu erleichtern,

---

[142]   Vgl. Velte, P. (2017): S. 112.
[143]   Vgl. Institut für ökologische Wirtschaftsforschung und future e. V. – verantwortung unternehmen (2019): S. 6 f.
[144]   Vgl. Schrader, C. (2013): S. 455.
[145]   Vgl. Europäische Kommission (2021): COM(2021) 189 final, S. 1.
[146]   Vgl. Europäische Kommission (2021): COM(2021) 189 final, S. 1.
[147]   Vgl. Europäische Kommission (2021): COM(2021) 189 final, S. 5.

soll darüber hinaus ein digitales Tagging eingeführt werden.[148] Im Übrigen schlägt die Europäische Kommission vor, dass die von der Berichtspflicht befreiten Tochterunternehmen nicht nur angeben müssen, dass eine zusammengefasste Konzernerklärung erstellt wurde, sondern dass sie diese Erklärung auch selbst veröffentlichen müssen.[149] Außerdem würde die Option der Veröffentlichung eines nichtfinanziellen Berichts anstelle einer nichtfinanziellen Erklärung gestrichen werden. Somit dürften die Informationen nur noch innerhalb des Lageberichts publiziert werden.[150]

Die Pflicht zur Veröffentlichung nichtfinanzieller Informationen innerhalb des Lageberichts könnte zu einer besseren Verknüpfung von finanziellen und nichtfinanziellen Informationen führen und somit ein besseres Gesamtbild ermöglichen.[151] Außerdem würden die Informationen bei allen Unternehmen am gleichen Ort publiziert werden, was die Informationsbeschaffung für die Stakeholder voraussichtlich erleichtern würde. Allerdings gestaltete sich die Informationsbeschaffung im Rahmen der Durchführung der vorliegenden Analyse vor allem bei der integrierten Berichterstattung als aufwendig. Um die Beschaffung von Informationen zu erleichtern, könnte auch ein verpflichtend zu erstellender NFE-Index eingeführt werden. Angelehnt an den GRI-Index könnte somit vor allem bei integrierten Berichten eine zentrale Übersicht geschaffen werden, die angibt, in welchen Kapiteln und Abschnitten sich die zur NFE gehörenden Angaben befinden. Dies würde die Informationsbeschaffung erleichtern, die Flexibilität der Unternehmen hinsichtlich der Veröffentlichungsform wahren und wäre gleichzeitig mit vertretbarem Mehraufwand verbunden.

Eine weitere Möglichkeit, um die Informationsbeschaffung für die Stakeholder zu erleichtern, wäre ein durch die EU-Mitgliedstaaten zentral geführtes Register einzuführen, in welchem die berichtspflichtigen Unternehmen aufgelistet werden. In diesem Zuge sollte auch eine offizielle Website geschaffen werden, sodass die nichtfinanziellen Berichte und Erklärungen von allen berichtspflichtigen und freiwillig publizierenden Unternehmen an einem zentralen Ort veröffentlicht werden können. Alternativ könnte man auch beim deutschen Bundesanzeiger eine Kategorie für nichtfinanzielle Erklärungen erstel-

---

[148] Vgl. Europäische Kommission (2021): COM(2021) 189 final, S. 7.
[149] Vgl. Europäische Kommission (2021): COM(2021) 189 final, S. 13.
[150] Vgl. Europäische Kommission (2021): COM(2021) 189 final, S. 13.
[151] Vgl. Wagner, J./Mayer, M./Kubessa, D. (2018): S. 939.

len, unter welcher die nichtfinanziellen Informationen zukünftig veröffentlicht werden könnten. Dies würde für die Unternehmen keinen zusätzlichen Aufwand mit sich bringen und für Stakeholder Erleichterungen bei der Beschaffung von nichtfinanziellen Informationen bedeuten.

Die Europäische Kommission hat zudem den Vorschlag gemacht, eine inhaltliche Prüfungspflicht einzuführen.[152] Diesbezüglich müsste zunächst nur eine Prüfung mit „limited assurance" verpflichtend durchgeführt werden.[153] Dieser Vorschlag kann hinsichtlich der ausgeübten Kritik an einer fehlenden inhaltlichen Prüfungspflicht positiv beurteilt werden, da eine inhaltliche Prüfung das Vertrauen in die Informationen stärken könnte. Außerdem hätten die Unternehmen weiterhin die Möglichkeit, die gesetzliche Anforderung zu übertreffen, indem sie ihre CSR-Berichte mit „reasonable assurance" prüfen lassen.

Neben einer Prüfungspflicht soll auch die Verwendung eines Rahmenwerkes verpflichtend eingeführt werden.[154] Dabei ist vorgesehen, dass große Unternehmen verpflichtend ein europäisches Rahmenwerk anwenden müssen, welches von der European Financial Reporting Advisory Group entwickelt wird.[155] Die Entwicklung eines eigenen europäischen Rahmenwerkes, welches von großen Unternehmen verpflichtend anzuwenden ist, kann ebenfalls positiv beurteilt werden. Durch die Entwicklung auf europäischer Ebene könnte man das Rahmenwerk konkret an die Anforderungen der CSR-Richtlinie anpassen und somit einerseits die Qualität der Berichte verbessern, da berichtspflichtige Unternehmen das Rahmenwerk verpflichtend anwenden müssten und somit auch den Anforderungen der CSR-Richtlinie Rechnung tragen müssten. Andererseits könnte die Vergleichbarkeit erhöht werden, da durch das Rahmenwerk der formale Aufbau und die Berichtsthemen vereinheitlicht werden würden. Zudem könnte durch einen vereinheitlichten Aufbau der CSR-Berichte auch die Informationsbeschaffung erleichtert werden. Ein europäisches Rahmenwerk könnte andererseits auch kritisch gesehen werden, da vor allem große Unternehmen bisher vorrangig die global anerkannten GRI-Standards verwenden, was zu einer internationalen Vergleichbarkeit beiträgt. Durch die Implementierung eines supranationalen Rahmenwerkes

---

[152]   Vgl. Europäische Kommission (2021): COM(2021) 189 final, S. 10.
[153]   Vgl. Europäische Kommission (2021): COM(2021) 189 final, S. 10.
[154]   Vgl. Europäische Kommission (2021): COM(2021) 189 final, S. 7.
[155]   Vgl. Europäische Kommission (2021): Fragen und Antworten: Richtlinienvorschlag zur Nachhaltigkeitsberichterstattung der Unternehmen.

könnte die internationale Vergleichbarkeit verringert werden. Um dies zu verhindern oder abzuschwächen, könnte man sich bei der Erstellung des europäischen Rahmenwerkes an den GRI-Standards orientieren.

Alternativ wäre auch eine Entwicklung einer weiteren Berichtsoption des GRI-Standards denkbar, die auf die flexiblen Regelungen der CSR-Richtlinie besser angepasst ist. So hätte neben den Berichtsoptionen „Kern" und „Umfassend" beispielsweise die Berichtsoption CSR-RL eingeführt werden können. Somit hätte man ebenfalls ein auf die Anforderungen der CSR-RL angepasstes Rahmenwerk erstellt, welches jedoch auf einem international anerkannten Standard basiert, sodass die internationale Vergleichbarkeit erhalten bliebe.

In ihrem Richtlinienvorschlag schlägt die Europäische Kommission außerdem vor, den Kreis berichtspflichtiger Unternehmen auszuweiten.[156] Danach wären alle kapitalmarktorientierten Unternehmen, mit Ausnahme von Kleinstunternehmen, berichtspflichtig. Darüber hinaus wird angestrebt, die Berichtspflicht auch auf Unternehmen auszuweiten, deren Sitz oder Ort der Geschäftsleitung sich nicht in der Europäischen Union befindet, wenn diese an einem europäischen Markt gelistet sind.[157] Ebenfalls berichtspflichtig wären alle großen Kapitalgesellschaften und Personenhandelsgesellschaften im Sinne des § 264a HGB, da die Voraussetzung der Kapitalmarktorientierung und der notwendigen 500 Arbeitnehmer wegfielen.[158] Diese Regelungen würden dazu führen, dass die Anzahl berichtspflichtiger Unternehmen in der Europäischen Union von circa 11.600 auf circa 49.000 ansteigt.[159] Der Vorschlag der Ausweitung der Berichtspflicht ist hinsichtlich der positiven Auswirkungen von CSR-Tätigkeiten auf die Umwelt und die Gesellschaft sehr positiv zu beurteilen, da sich somit die Anzahl der Unternehmen, die sich verpflichtend mit CSR beschäftigen und dies kommunizieren müssen, um mehr als das Vierfache erhöhen würde, ohne vorrangig kleinere Unternehmen mit der nichtfinanziellen Berichterstattung zu belasten. Die Berichtspflicht würde lediglich in seltenen Fällen auch auf KMU ausgeweitet werden, nämlich wenn sie kapitalmarktorientiert sind. Für diese soll jedoch ein gesondertes europäisches

---

[156] Vgl. Europäische Kommission (2021): COM(2021) 189 final, S. 5.
[157] Vgl. Europäische Kommission (2021): COM(2021) 189 final, S. 10.
[158] Vgl. Europäische Kommission (2021): Fragen und Antworten: Richtlinienvorschlag zur Nachhaltigkeitsberichterstattung der Unternehmen.
[159] Vgl. Europäische Kommission (2021): COM(2021) 189 final, S. 10.

Rahmenwerk mit einem einfacheren Aufbau entwickelt werden, welches verpflichtend angewandt werden müsste.[160] Damit soll den eingeschränkteren Ressourcen der KMU für die Berichterstattung Rechnung getragen werden.[161] Bei der Entwicklung des Standards könnte man sich auch am Aufbau des deutschen Nachhaltigkeitskodexes orientieren, da dieser einen einfachen und klar definierten Aufbau aufweist und durch die Leistungsindikatoren inhaltlich mit dem von großen Unternehmen vorrangig angewandten GRI-Standard verknüpft ist.

Alternativ wäre die Ausweitung auch anhand anderer Größenmerkmale denkbar, was teilweise in der Literatur schon diskutiert worden ist.[162] Eine Möglichkeit wäre, lediglich die Voraussetzung der Kapitalmarktorientierung zu streichen.[163] Dies hätte zur Folge, dass auch große GmbHs oder GmbH & Co. KGs mit mehr als 500 Arbeitnehmern in die Berichtspflicht miteinbezogen würden. Somit würde der Kreis der berichtspflichtigen Unternehmen vergrößert, ohne dass kleinere Unternehmen mit der Berichtspflicht belastet werden müssten. Eine zusätzliche Ausweitung auf kleinere Unternehmen wäre auch eine Möglichkeit, um mehr Unternehmen zur Beschäftigung mit dem Thema CSR zu bewegen.[164] Diesbezüglich könnte man sich an den Größenklassen des § 267 HGB orientieren. Somit könnte man zunächst die Berichtspflicht auf große Kapitalgesellschaften ausdehnen, da diese nach § 264 Abs. 1 Satz 1 HGB ohnehin zur Aufstellung eines Lageberichts verpflichtet sind, in welchem zudem gemäß § 289 Abs. 3 HGB auch nichtfinanzielle Leistungsindikatoren anzugeben sind. In Anlehnung an die Bestrebungen der Europäischen Kommission zur Entlastung kleiner und mittlerer Unternehmen wäre auch denkbar, den Umfang der verpflichtend zu publizierenden Angaben größenabhängig zu staffeln. So könnten Mindestanforderungen mit Aspekten definiert werden, die von jedem berichtspflichtigen Unternehmen angegeben werden müssen, und darüber hinausgehende Aspekte, welche nur von Unternehmen ab einer gewissen Größe verpflichtend offenzulegen sind. Dieses Prinzip, von welchem das HGB ebenfalls an ausgewählten Stellen Gebrauch macht, könnte somit dafür genutzt werden, auch kleinere Unternehmen in den Anwendungsbereich einzubeziehen, deren Aufwand verhältnismäßig gering

[160] Vgl. Europäische Kommission (2021): COM(2021) 189 final, S. 7.
[161] Vgl. Europäische Kommission (2021): Fragen und Antworten: Richtlinienvorschlag zur Nachhaltigkeitsberichterstattung der Unternehmen.
[162] Vgl. Schröder, N. (2020): S. 92 ff.
[163] Vgl. Schröder, N. (2020): S. 93.
[164] Vgl. Schrader, C. (2013): S. 455.

zu halten und gleichzeitig die Anforderungen an größere Unternehmen zu erhöhen.

6 Fazit

Zusammengefasst lässt sich festhalten, dass die Unternehmen aufgrund der flexiblen Regelungen momentan unterschiedlich über ihre Corporate-Social-Responsibility-Maßnahmen berichten. Dies resultiert aus den Wahlrechts-möglichkeiten und insbesondere dem Nichtvorhandensein eines einheitlichen und auf die Anforderungen der CSR-Richtlinie abgestimmten Rahmenwer-kes. Dadurch bestehen derzeit keine Regelungen bezüglich des formalen Aufbaus und der spezifischen Inhalte der CSR-Berichte. Die Analyse zeigte jedoch auch, dass sich zumindest bei den großen DAX-30- und MDAX-Unternehmen hinsichtlich der inhaltlichen Prüfung sowie der Verwendung eines Rahmenwerkes eine Art Standard etabliert hat, wonach die Mehrheit ihre nichtfinanziellen Erklärungen respektive Berichte inhaltlich prüfen lässt und bei der Erstellung die GRI-Standards, wenn auch in unterschiedlichem Umfang, miteinbezieht. Darüber hinaus zeigte sich, dass die Mehrzahl der Unternehmen zu allen fünf Pflichtthematiken Angaben machen, die Quantifizierung jedoch teilweise bedeutend seltener erfolgt. Als Hauptkritikpunkt an den gesetzlichen Regelungen werden die hohen Größenanforderungen und die daraus resultierende geringe Anzahl berichtspflichtiger Unternehmen gesehen. Die Begrenzung der Berichtspflicht auf große kapitalmarktorientierte Unternehmen mit mehr als 500 Mitarbeitern scheint aufgrund der hohen Relevanz der Corporate-Social-Responsibility sowie deren transparenter Kommunikation nicht mehr zeitgemäß.

Abschließend kann gesagt werden, dass die derzeitigen gesetzlichen Regelungen eine lediglich geringe Mindestanforderung an die nichtfinanziellen Erklärungen und Berichte definieren. Vor allem durch die Flexibilität in Form von Wahlrechtsmöglichkeiten und insbesondere durch das Nichtvorhandensein eines einheitlichen auf die Anforderungen abgestimmten Rahmenwerkes konnte die angestrebte Vergleichbarkeit der Berichte und Erklärungen nur eingeschränkt erzielt werden.

Die Vorschläge der Europäischen Kommission greifen die zuvor genannten Kritikpunkte weitestgehend auf. Sie machen deutlich, dass zur Steigerung der Vergleichbarkeit und Verlässlichkeit der Informationen eine Verschärfung der derzeitigen Regelungen notwendig ist. Vor allem durch die Einführung eines auf die Anforderungen der CSR-Richtlinie angepassten europäischen Rahmenwerkes wird davon ausgegangen, dass sich die Vergleichbarkeit der CSR-Berichte höchstwahrscheinlich erhöhen wird. Durch die Ausweitung der

CSR-Berichtspflicht auf alle mindestens kleinen kapitalmarktorientierten und alle großen Kapitalgesellschaften würde der Relevanz und der gestiegenen Popularität der Corporate-Social-Responsibility-Berichterstattung Rechnung getragen.

Der vorliegende Beitrag zielte auf eine quantitative Analyse der nichtfinanziellen Berichte und Erklärungen ab, bei der die praktische Umsetzung der flexiblen gesetzlichen Regelungen betrachtet wurde. Die Ergebnisse liefern jedoch keine Aussage über die Qualität und die inhaltliche Vergleichbarkeit der Berichtsinhalte. Diesbezüglich besteht noch weiterer Forschungsbedarf. Die Analyse könnte anderen Studien als Vergleichsanalyse dienen. So könnte einerseits rückblickend die Entwicklung der CSR-Berichterstattung seit Einführung der Berichtspflicht betrachtet werden. Andererseits könnte die Analyse in den kommenden Jahren erneut durchgeführt werden, um dann die Entwicklungen darstellen zu können. Dies erscheint insbesondere im Hinblick auf die anstehende Überarbeitung der gesetzlichen Regelungen interessant, da somit mögliche Veränderungen in den Resultaten identifiziert werden könnten.

Abschließend lässt sich festhalten, dass die Corporate-Social-Responsibility-Berichterstattung ein sehr aktuelles Themenfeld darstellt, welches sich, unter anderem durch die Einführung und Weiterentwicklung der Berichtspflicht, im stetigen Wandel befindet. Hinsichtlich des voranschreitenden Klimawandels und der Globalisierung wird die Verantwortung der Unternehmen gegenüber der Gesellschaft und der Umwelt voraussichtlich weiter in den Fokus rücken und somit auch die CSR-Berichterstattung weiter an Relevanz und Stellenwert gewinnen. Das Ziel sollte sein, dass irgendwann alle Unternehmen in der Europäischen Union, bestenfalls sogar weltweit, ihre Corporate-Social-Responsibility-Maßnahmen durch vergleichbare Berichte kommunizieren. Für diese Entwicklung hat die Europäische Kommission mit ihrem Vorschlag zur Überarbeitung der Richtlinie 2014/95/EU nun den Grundstein gelegt. Es bleibt abzuwarten, ob alle Vorschläge auch tatsächlich gesetzlich normiert werden und ob damit auf lange Sicht das Ziel der Europäischen Union, die CSR-Berichte vergleichbarer zu machen, erreicht wird.

Anhang

Anhang A: Unternehmen des DAX 30 und MDAX[165]

DAX-30-Unternehmen	MDAX-Unternehmen
1. Adidas AG	Airbus SE
2. Allianz SE	AIXTRON SE
3. BASF SE	Alstria Office REIT-AG
4. Bayer AG	Aroundtown SA
5. BMW AG	Aurubis AG
6. Continental AG	Bechtle AG
7. Covestro AG	Beiersdorf AG
8. Daimler AG	Brenntag SE
9. Delivery Hero SE	Cancom SE
10. Deutsche Bank AG	Carl Zeiss Meditec AG
11. Deutsche Börse AG	Commerzbank AG
12. Deutsche Post AG	CompuGroup Medical SE & Co. KGaA
13. Deutsche Telekom AG	CTS Eventim AG & Co. KGaA
14. Deutsche Wohnen SE	Dürr AG
15. E.ON SE	Encavis AG
16. Fresenius SE & Co. KGaA	Evonik Industries AG
17. Fresenius Medical Care AG & Co. KGaA	Evotec SE
18. HeidelbergCement AG	Fraport AG
19. Henkel AG & Co. KGaA	Freenet AG
20. Infineon Technologies AG	Fuchs Petrolub SE
21. Linde plc	GEA Group AG
22. Merck KGaA	Gerresheimer AG
23. MTU Aero Engines AG	Grand City Properties SA
24. Münchener Rück AG	Hannover Rück SE
25. RWE AG	Hella KGaA Hueck & Co.
26. SAP SE	HelloFresh SE
27. Siemens AG	HOCHTIEF AG
28. Siemens Energy AG	Hugo Boss AG
29. Volkswagen AG	K+S AG
30. Vonovia SE	KION GROUP AG
31.	Knorr-Bremse AG
32.	LANXESS AG
33.	LEG Immobilien AG
34.	Lufthansa AG
35.	MorphoSys AG
36.	Nemetschek AG
37.	Nordex SE
38.	Porsche Automobil Holding SE
39.	ProSiebenSat.1 Media SE
40.	Puma SE
41.	Qiagen N.V.
42.	Rational AG
43.	Rheinmetall AG
44.	Sartorius AG
45.	Scout24 AG
46.	Shop Apotheke Europe
47.	Siemens Healthineers AG
48.	Siltronic AG
49.	Software AG
50.	Ströer SE
51.	Symrise AG
52.	TAG Immobilien AG
53.	TeamViewer AG
54.	Telefónica Deutschland Holding AG
55.	thyssenkrupp AG
56.	Uniper SE
57.	United Internet AG
58.	Varta AG
59.	Wacker Chemie AG
60.	Zalando SE

---

[165] Deutsche Börse AG (2021B). Zum Stichtag der Analyse, 31.05.2021 umfasste der DAX 30 Unternehmen, zum Publikationszeitpunkt hingegen umfasst der DAX 40 Unternehmen.

Firma des Unternehmens	Adidas AG	Allianz SE	BASF SE	Bayer AG	BMW AG	Continental AG	Covestro AG	Daimler AG	Delivery Hero SE	Deutsche Bank AG	Deutsche Börse AG	Deutsche Post AG	Deutsche Telekom AG	Deutsche Wohnen	E.ON SE
Branche	Consumer Products & Services	Insurance	Chemicals	Health Care	Automobiles & Parts	Automobiles & Parts	Chemicals	Automobiles & Parts	Consumer Products & Services	Banks	Financial Services	Industrial Goods & Services	Telecommunications	Real Estate	Utilities
Konzern-Umsatz (in Mio. Euro)	19.844	122.780	59.149	41.400	98.990	37.722	10.706	154.309	2.472	33.051	3.781	66.806	100.999	2.742	60.944
Konzern-Bilanzsumme (in Mio. Euro)	21.053	1.109.507	82.432	122.850	230.483	41.597	13.122	285.737	5.851	1.325.259	152.864	57.607	282.306	31.172	100.774
Konzern-Mitarbeiterzahl	62.285	150.269	110.302	99.538	126.016	236.386	16.501	288.481	35.528	84.659	7.238	571.974	226.291	5.323	78.126
Konzern berichtspflichtig nach CSR-RUG	1	1	1	1	1	1	1	1	1	1	1	1	1	1	1
NFE / NFB für 2020 veröffentlicht	1	1	1	1	1	1	1	1	1	1	1	1	1	1	1
Zusammengefasste NFE / NFB	1	1	1	1	1	1	1	1	1	1	1	1	1	1	1
NFE in Lagebericht integriert	1	0	1	1	1	1	1	1	1	1	1	1	1	1	1
NFE als separates Kapitel im LB	0	0	1	0	0	0	1	0	0	0	0	1	0	0	0
NFB in GB / NHB integriert	0	0	0	0	0	0	0	0	0	0	0	1	0	0	1
NFB als separates Kapitel im GB / NHB	0	1	0	0	0	0	0	0	0	0	0	0	0	0	0
NFB als eigenständiger Bericht	1	0	1	1	1	1	0	1	1	1	1	1	1	1	1
NFE / NFB auf Homepage veröffentlicht	1	1	1	1	1	1	1	1	1	1	1	1	1	1	1
Extern inhaltlich geprüft	1	1	1	1	1	1	0	1	0	0	0	1	0	0	0
Limited assurance oder reasonable assurance (lim. a. = 0, reas. a. = 1)	0	1	1	1	0	1	.	1	0	0	1	0	0	0	0
Seitenumfang	.	14	0	.	.	7	.	18	16	58	21	10	15	22	16
Rahmenwerk verwendet?	GRI	GRI	GRI	GRI	GRI	GRI	GRI	GRI	GRI	GRI	GRI	GRI	GRI	GRI	GRI
Rahmenwerk	GRI	GRI	GRI	GRI	GRI	GRI	GRI	GRI	GRI	GRI	GRI	GRI	GRI	GRI	GRI
Bei GRI: Option Kern oder Umfassend (Kern 0, Umfassend=1)	0	0	0	0	1	0	0	0	0	0	0	1	0	0	1
Geschäftsmodell beschrieben	1	1	1	1	1	1	1	1	1	1	1	1	1	1	1
Wesentlichkeitsanalyse durchgeführt	1	1	1	1	1	1	1	1	1	1	1	1	1	1	1
Anzahl wesentlicher Aspekte	7	14	5	5	15	12	15	6	10	11	22	5	19	17	8
Stakeholder in die Wesentlichkeitsanalyse einbezogen	1	1	1	1	1	1	1	1	1	1	1	1	1	1	1
Anzahl wesentlicher Aspekte	4	5	1	5	5	2	5	5	4	4	3	5	5	5	5
Angaben zu Umweltbelangen	1	0	1	1	1	1	1	1	1	1	1	1	1	1	1
NF-U zu Umwelt	1	0	1	1	1	1	1	1	1	0	0	1	1	1	1
Angaben zu Arbeitnehmerbelangen	1	1	1	1	1	1	1	1	1	1	1	1	1	1	1
NF-U zu AN-Belange	0	0	0	1	0	0	0	0	0	0	0	1	0	0	1
Angaben zu Sozialbelangen	0	0	1	0	0	0	0	1	0	0	0	1	0	0	1
NF-U zu Soziales	0	1	0	0	0	0	0	1	0	0	1	0	0	1	1
Angaben zu Achtung der Menschenrechte	1	1	1	0	1	1	1	1	1	1	0	1	1	0	1
NF-U zu Achtung der Menschenrechte	0	0	0	0	0	0	0	1	0	0	0	0	0	0	0
Angaben zur Bekämpfung von Bestechung und Korruption	1	1	1	1	1	1	1	1	1	1	1	1	1	1	1
NF-U zur Bekämpfung von Bestechung und Korruption	0	0	0	0	0	0	0	1	0	0	1	0	0	1	0
Bezug auf Lieferkette genommen	0	1	1	1	1	1	1	1	1	0	1	1	1	1	1
Zusätzlicher Nachhaltigkeitsbericht	0	1	0	0	1	1	0	1	0	0	0	0	0	1	0

166 Die Daten zur Branchenzuordnung, Bilanzsumme, Mitarbeiterzahl und den Umsatzerlösen wurden über Datastream bezogen. Die übrigen Daten wurden den Geschäfts-, Nachhaltigkeits- oder nichtfinanziellen Berichten der Unternehmen entnommen. Unternehmensindividuelle Angaben hierzu finden sich im Quellenverzeichnis.

Firma des Unternehmens	Fresenius SE & Co. KGaA	Fresenius Medical Care AG & Co. KGaA	Heidelberg Cement AG	Henkel AG & Co. KGaA	Infineon Technologies AG	Linde plc	Merck KGaA	MTU Aero Engines AG	Münchener Rück AG	RWE AG	SAP SE	Siemens AG	Siemens Energy AG	Volkswagen AG	Vonovia SE
Branche	Health Care	Health Care	Construction & Mats	Consumer Produts & Services	Technology	Chemicals	Health Care	Industrial Goods & Services	Insurance	Utilities	Technology	Industrial Goods & Services	Energy	Automobiles & Parts	Real Estate
Konzern-Umsatz (in Mio. Euro)	36.277	17.859	17.606	19.250	8.567	27.243	17.534	3.977	64.102	13.688	27.338	57.139	27.457	222.884	3.313
Konzern-Bilanzsumme (in Mio. Euro)	66.646	31.689	33.271	30.836	22.802	88.229	42.204	8.529	301.376	66.192	58.472	123.897	43.032	528.286	62.417
Konzern-Mitarbeiterzahl)	311.269	125.364	53.122	52.950	46.665	74.207	58.096	10.313	39.642	19.498	102.430	293.000	93	662.575	10.622
Konzern berichtspflichtig nach CSR-RUG	1	1	1	1	1	0	1	1	1	1	1	1	0	1	1
NFE / NFB für 2020 veröffentlicht	1	1	1	1	1	1	1	1	1	1	1	1	0	1	1
Zusammengefasste NFE / NFB	1	0	1	1	0	0	0	0	0	0	0	0	0	0	1
NFE in Lagebericht integriert	0	0	0	0	0	0	0	1	0	0	0	0	0	0	1
NFE als separates Kapitel im LB	0	0	0	0	0	0	0	0	0	0	0	0	0	0	0
NFB in GB / NHB integriert	0	0	0	0	0	0	0	0	0	0	0	0	0	0	0
NFB als separates Kapitel im GB / NHB	1	1	0	1	1	1	1	0	1	1	1	1	0	1	1
NFB als eigenständiger Bericht	1	1	1	0	0	1	0	1	1	0	0	0	1	0	1
NFE / NFB auf Homepage veröffentlicht	1	1	1	1	1	1	1	1	1	1	1	1	0	1	1
Extern inhaltlich geprüft	1	1	1	1	1	1	1	0	1	1	1	1	0	1	1
Limited assurance oder reasonable assurance (lim. a. = 0, reas. a. = 1)	1	1	0	1	0	0	0	0	0	0	1	0	0	0	1
Seitenumfang	75	22	.	215	39	8	.	18	11	18				12	17
Rahmenwerk verwendet?	1	1	1	1	1	1	1	0	0	1	1	1	0	1	1
Rahmenwerk	GRI	GRI	GRI	GRI	GRI	GRI	GRI			GRI	GRI	GRI		GRI	GRI + UN GC
Bei GRI: Option Kern oder Umfassend (Kern= 0, Umfassend=1)	1	1	0	1	0	0	1			0	0	1		1	1
Geschäftsmodell beschrieben	1	1	1	1	0	1	1	1	1	1	0	1		0	1
Wesentlichkeitsanalyse durchgeführt	1	1	1	1	1	1	1	1	1	1	1	1		1	1
Anzahl wesentlicher Aspekte	8	17		32	7	0	26	9	4	6	5			12	11
Stakeholder in die Wesentlichkeitsanalyse einbezogen	0	1	0	1	1	1	1	0	1	1	0	1		1	0
Anzahl wesentlicher Aspekte	5	5	5	5	5	5	5	4	3	4	5	5		5	5
Angaben zu Umweltbelangen	1	1	1	1	1	1	1	1	1	1	1	1		1	1
NF-LI zu Umwelt	1	1	1	1	1	1	1	1	1	1	1	1		1	1
Angaben zu Arbeitnehmerbelangen	1	1	1	1	1	1	1	1	1	1	1	1		1	1
NF-LI zu AN-Belange	1	0	1	0	1	0	0	0	0	0	1	1		1	1
Angaben zu Sozialbelangen	1	1	1	1	1	1	1	1	1	1	1	1		1	1
NF-LI zu Soziales	1	0	1	0	1	0	0	0	0	0	0	1		0	0
Angaben zu Achtung der Menschenrechte	1	1	1	1	1	1	1	1	1	1	1	1		1	0
NF-LI zu Achtung der Menschenrechte	0	0	0	0	0	0	0	0	0	0	0	1		1	0
Angaben zur Bekämpfung von Bestechung und Korruption	1	1	1	1	1	1	1	1	1	1	1	1		1	1
NF-LI zur Bekämpfung von Bestechung und Korruption	1	1	1	0	1	0	0	0	0	0	0	1		0	1
Bezug auf Lieferkette genommen	1	1	1	1	1	1	1	1	1	1	1	1		1	0
Zusätzlicher Nachhaltigkeitsbericht	0	1	1	0	1	1	1	1	1	1	1	1		0	1

Anhang C: Analyse der MDAX-Unternehmen[167]

Firma des Unternehmens	Airbus SE	AIXTRON SE	Alstria Office REIT-AG	Aroundtown SA	Aurubis AG	Bechtle AG	Beiersdorf AG	Brenntag SE	Cancom SE	Carl Zeiss Meditec AG	Commerzbank AG	CompuGroup Medical SE & Co. KGaA	CTS Eventim AG & Co. KGaA	Dürr AG	Encavis AG
Branche	Industrial Goods & Services	Technology	Real Estate	Real Estate	Basic Resources	Technology	Drug & Grocery Stores	Chemicals	Technology	Health Care	Banks	Health Care	Media	Industrial Goods & Services	Utilities
Konzern-Umsatz (in Mio. Euro)	49.912	269.247	224	1.180	12.429	5.819	7.025	11.776	1.649	1.335	12.143	837	257	3.325	292
Konzern-Bilanzsumme (in Mio. Euro)	110.095	590	5.090	31.022	2.851	2.787	10.328	8.302	1.250	2.013	506.916	1.603	1.868	3.879	2.824
Konzern-Mitarbeiterzahl	131.349	728	167	711	7.236	12.180	20.306	17.237	3.957	3.290	47.718	7.814	2.562	16.525	134
Konzern berichtspflichtig nach CSR-RUG	0	1	1	0	1	1	1	1	1	1	1	1	1	1	0
NFE / NFB für 2020 veröffentlicht	1	1	1	1	1	1	1	1	1	1	1	1	1	1	0
Zusammengefasste NFE / NFB	1	1	1	1	1	1	1	1	1	1	1	1	1	1	0
NFE in Lagebericht integriert	0	0	1	0	1	0	0	0	0	0	0	0	0	0	0
NFE als separates Kapitel im LB	0	0	0	0	0	0	0	0	0	0	0	0	0	0	0
NFB in GB / NHB integriert	0	1	1	0	0	0	0	1	1	0	0	0	0	1	1
NFB als separates Kapitel im GB / NHB	1	0	0	1	1	1	0	0	1	1	1	1	1	0	0
NFB als eigenständiger Bericht	1	1	0	1	1	1	1	1	1	0	0	0	0	1	0
NFE / NFB auf Homepage veröffentlicht	1	1	1	1	1	0	1	1	0	1	1	1	1	1	1
Extern inhaltlich geprüft															
Limited assurance oder reasonable assurance (lim. a. = 0, reas. a. = 1)	0		0	0	0		0	0	0	0	0	0	0	0	0
Seitenumfang	37			21	22		24		18	14	19	21	10		
Rahmenwerk verwendet?	1	1		1	1	1	0		0	1	1	1	1	1	1
Rahmenwerk	GRI	GRI		GRI	GRI	GRI	GRI	GRI + UN GC		GRI	GRI	GRI	GRI	GRI	
Bei GRI: Option Kern oder Umfassend (Kern = 0, Umfassend=1)	0	0		1	0	0	0	0		1	1	0	0	0	
Geschäftsmodell beschrieben	1	1		1	1	1	1	1	1	1	1	1	1	1	1
Wesentlichkeitsanalyse durchgeführt	1	1		1	1	0	1	0	0	0	1	1	1	1	1
Anzahl wesentlicher Aspekte	12	20		6	8	12	10	8		7	10	11	5	7	7
Stakeholder in die Wesentlichkeitsanalyse einbezogen	1	1		0	0	0	0	0	0	1	0	0	0	0	0
Anzahl wesentlicher Aspekte	1	1		1	1	1	1	1	1	1	1	1	1	4	4
Angaben zu Umweltbelangen	1	1	1	1	1	1	1	1	1	1	1	1	1	1	1
NF-IJ zu Umwelt	1	1	1	1	1	1	1	1	1	0	0	0	0	0	1
Angaben zu Arbeitnehmerbelangen	1	1	0	0	1	1	1	1	1	1	1	1	1	1	1
NF-IJ zu AN-Belange	1	0	0	0	0	0	0	0	0	1	1	1	1	1	1
Angaben zu Sozialbelangen	0	0	0	1	0	0	0	0	0	1	0	0	0	0	0
NF-IJ zu Soziales	1	1	1	1	1	1	1	1	1	1	1	1	1	1	1
Angaben zur Achtung der Menschenrechte	1	1	1	1	1	1	1	1	1	1	1	1	1	1	1
NF-IJ zu Achtung der Menschenrechte	1	0	1	1	1	1	1	1	1	0	0	0	0	0	0
Angaben zur Bekämpfung von Bestechung und Korruption	1	1	1	1	1	1	1	1	1	1	1	1	1	1	1
NF-IJ zur Bekämpfung von Bestechung und Korruption	0	1		1	1	0	1	1	0	0	1	0	0	0	0
Bezug auf Lieferkette genommen	1	1	1	1	1	1	0	1	0	1	1	1	1	1	0
Zusätzlicher Nachhaltigkeitsbericht	0	1	1	1	1	0	1	1	0	0	1	0	0	1	1

167   Die Daten zur Branchenzuordnung, Bilanzsumme, Mitarbeiterzahl und den Umsatzerlösen wurden über Datastream bezogen. Die übrigen Daten wurden den Geschäfts-, Nachhaltigkeits- oder nichtfinanziellen Berichten der Unternehmen entnommen. Unternehmensindividuelle Angaben hierzu finden sich im Quellenverzeichnis.

Firma des Unternehmens	Evonik Industries AG	Evotec SE	Fraport AG	Freenet AG	Fuchs Petrolub SE	GEA Group AG	Gerresheimer AG	Grand City Properties SA	Hannover Rück SE	Hella KGaA Hueck & Co.	HelloFresh SE	HOCHTIEF AG	Hugo Boss AG	K+S AG	KION GROUP AG
Branche	Chemicals	Health Care	Industrial Goods & Services	Telecom-munications	Chemicals	Industrial Goods & Services	Health Care	Real Estate	Insurance	Automobiles & Parts	Drug & Grocery Stores	Construction & Mats	Consumer Products & Services	Chemicals	Industrial Goods & Services
Konzern-Umsatz (in Mio. Euro)	12.199	501	1.677	2.576	2.378	4.635	1.419	535	23.265	5.829	3.750	22.954	1.946	2.432	8.342
Konzern-Bilanzsumme (in Mio. Euro)	22.180	1.502	14.513	4.506	2.141	5.687	2.659	10.866	69.197	5.960	1.526	17.518	2.601	8.440	15.073
Konzern-Mitarbeiterzahl	33.106	3.572	21.218	4.004	5.728	18.232	9.880	882	3.218	36.311	6.432	46.644	13.759	14.732	36.207
Konzern berichtspflichtig nach CSR-RUG	1	1	1	1	1	1	1	1	1	1	1	1	1	1	1
NFE / NFB für 2020 veröffentlicht	1	1	1	1	1	1	1	1	1	1	1	1	1	1	1
Zusammengefasste NFE / NFB	1	1	1	1	1	1	1	1	1	1	1	1	1	1	1
NFE in Lagebericht integriert	0	0	0	0	0	0	0	0	0	0	0	0	0	0	1
NFE als separates Kapitel im LB	0	0	0	0	0	0	0	0	0	0	0	0	0	0	1
NFB in GB / NHB integriert	0	1	0	0	0	0	0	0	0	0	0	0	0	0	0
NFB als separates Kapitel im GB / NHB	1	0	1	0	0	0	0	1	1	1	0	0	0	1	0
NFB als eigenständiger Bericht	0	1	0	1	0	1	1	0	0	1	1	1	1	0	1
NFE / NFB auf Homepage veröffentlicht	1	1	1	1	1	1	1	1	1	1	1	1	1	1	1
Extern inhaltlich geprüft	1	0	1	1	0	1	1	1	1	1	0	1	1	1	1
Limited assurance oder reasonable assurance (lim. a. = 0, reas. a. = 1)	1		0	0		0	0	0	0	0		0	0	0	0
Seitenumfang	1	0	21	19	10	21	26	27	11	9	36	22	13	16	1
Rahmenwerk verwendet?	1	0	1	1	0	1	1	1	1	0	0	1	1	1	1
Rahmenwerk	GRI		GRI	GRI		GRI	GRI	GRI	GRI			GRI + UN GC	GRI	GRI	GRI
Bei GRI: Option Kern oder Umfassend (Kern= 0, Umfassend=1)	1		1	1	1	1	1	1	1	1	1	1	0	0	0
Geschäftsmodell beschrieben	1	1	1	1	0	1	1	1	1	1	1	1	1	1	1
Wesentlichkeitsanalyse durchgeführt	1	1	1	1		1	1	1	1	1	1	1	1	1	1
Anzahl wesentlicher Aspekte	19	8	11	6		6	9	10	17	8	13	14	9	9	8
Stakeholder in die Wesentlichkeitsanalyse einbezogen	1	1	1	1	1	1	1	1	1	1	1	1	1	1	1
Anzahl wesentlicher Aspekte	5	5	5	5		4	5	5	5	5	0	0	5	4	4
Angaben zu Umweltbelangen	1	1	1	1	1	1	1	1	1	1	3	5	5	1	1
NF-LJ zu Umwelt	1	1	1	1	1	1	1	1	1	1	1	1	1	1	1
Angaben zu Arbeitnehmerbelangen	1	1	1	1	0	1	1	1	1	1	1	1	1	1	1
NF-LJ zu AN-Belange	1	1	1	1	1	1	1	1	1	0	1	1	1	1	1
Angaben zu Sozialbelangen	0	0	0	0	0	0	0	0	0	0	0	0	0	0	0
NF-LJ zu Soziales	1	1	1	1	1	1	1	1	1	1	1	1	1	1	1
Angaben zu Achtung der Menschenrechte	0	0	0	0	0	0	0	1	1	0	0	1	0	0	0
NF-LJ zu Achtung der Menschenrechte	0	0	1	1	1	1	0	1	1	1	0	0	1	1	0
Angaben zur Bekämpfung von Bestechung und Korruption	1	1	1	1	1	1	1	1	1	1	1	1	1	1	1
NF-LJ zur Bekämpfung von Bestechung und Korruption	0	0	0	1	0	0	0	1	0	0	0	1	1	1	1
Bezug auf Lieferkette genommen	0	1	1	1	1	1	1	1	1	1	1	0	1	1	1
Zusätzlicher Nachhaltigkeitsbericht	1	1	0	0	1	1	0	1	1	0	0	0	1	1	1

Firma des Unternehmens	Knorr-Bremse AG	LANXESS AG	LEG Immobilien AG	Lufthansa AG	Morpho Sys AG	Nemetschek AG	Nordex SE	Porsche Automobil Holding SE	ProSiebenSat.1 Media SE	Puma SE	Qiagen N.V.	Rational AG	Rheinmetall AG	Sartorius AG	Scout24 AG
Branche	Industrial Goods & Services	Chemicals	Real Estate	Travel & Leisure	Health Care	Technology	Energy	Automobiles & Parts	Media	Consumer Products & Care	Health Care	Industrial Goods & Services	Industrial Goods & Services	Health Care	Technology
Konzern-Umsatz (in Mio. Euro)	6.157	6.104	858	13.589	328	597	4.651	107	4.047	5.234	1.870	650	5.875	2.336	354
Konzern-Bilanzsumme (in Mio. Euro)	7.627	9.149	15.401	40.072	1.660	890	4.751	36.250	7.297	4.684	5.913	676	7.267	4.724	3.549
Konzern-Mitarbeiterzahl	29.714	14.309	1.354	110.065	615	3.074	8.527	916	7.307	14.374	5.610	2.180	23.268	10.637	788
Konzern berichtspflichtig nach CSR-RUG	1	1	1	1	1	1	1	1	1	1	1	1	1	1	1
NFE / NFB für 2020 veröffentlicht	1	1	1	1	1	1	1	1	1	1	1	1	1	1	1
Zusammengefasste NFE / NFB	1	1	1	1	1	1	1	1	1	1	1	1	1	1	1
NFE in Lagebericht integriert	0	0	0	0	0	1	0	0	0	0	0	0	0	0	0
NFE als separates Kapitel im LB	0	0	0	0	0	1	1	0	0	1	0	0	0	0	0
NFB in GB / NHB integriert	1	0	0	0	1	0	0	0	0	0	0	0	0	0	0
NFB als separates Kapitel im GB / NHB	1	1	1	0	0	1	1	0	1	1	0	0	0	1	1
NFB als eigenständiger Bericht	1	1	1	1	1	0	0	1	1	1	1	1	1	1	1
NFE / NFB auf Homepage veröffentlicht	1	1	1	1	1	1	1	1	1	1	0	1	1	1	1
Extern inhaltlich geprüft	1	1	1	1	1	1	1	0	1	1	1	1	1	1	1
Limited assurance oder reasonable assurance (lim. a. = 0, reas. a. = 1)	0	0	0	0	0	0	0	·	1	0	0	0	1	0	0
Seitenumfang	·	37	29	32	17	·	·	5	·	·	19	22	22	24	1
Rahmenwerk verwendet?	0	1	1	1	1	0	1	0	1	1	1	·	·	1	1
Rahmenwerk	SDG	GRI	GRI	GRI	GRI		GRI		GRI	GRI	GRI + SASB			GRI	GRI
Bei GRI: Option Kern oder Umfassend (Kern= 0, Umfassend=1)					0	0			0	0					0
Geschäftsmodell beschrieben	1	1	1	1	1	1	1	1	1	1	1	1	1	1	0
Wesentlichkeitsanalyse durchgeführt	1	1	1	1	1	1	1	1	1	1	1	1	1	1	1
Anzahl wesentlicher Aspekte	9	13	6	13	11	10	6	2	7	12	16	7	8	12	12
Stakeholder in die Wesentlichkeitsanalyse einbezogen	1	1	1	1	0	0	0	0	0	0	0	1	1	1	1
Anzahl wesentlicher Aspekte	5	5	1	5	3	5	5	2	4	5	5	4	1	5	4
Angaben zu Umweltbelangen	1	1	1	1	1	1	1	0	1	1	1	1	1	1	1
NF-LI zu Umwelt	1	1	1	1	0	1	1	0	1	1	1	1	1	1	1
Angaben zu Arbeitnehmerbelangen	1	1	1	1	1	1	1	1	1	1	1	1	1	1	1
NF-LI zu AN-Belange	0	1	0	0	1	0	1	0	0	0	1	0	1	0	1
Angaben zu Sozialbelangen	0	1	0	1	1	0	1	0	1	0	0	1	0	1	1
NF-LI zu Soziales	0	0	1	0	0	0	0	1	0	0	0	0	0	0	0
Angaben zu Achtung der Menschenrechte	1	1	1	0	0	1	1	1	1	1	1	1	1	1	1
NF-LI zu Achtung der Menschenrechte	0	0	0	0	0	0	1	0	1	1	0	0	0	1	0
Angaben zur Bekämpfung von Bestechung und Korruption	1	1	1	1	0	1	1	1	1	1	1	1	1	1	1
NF-LI zur Bekämpfung von Bestechung und Korruption	1	0	0	0	0	0	0	0	1	0	0	0	0	1	0
Bezug auf Lieferkette genommen	1	1	0	1	0	0	1	0	1	1	1	0	1	1	1
Zusätzlicher Nachhaltigkeitsbericht	1	1	0	1	0	0	1	1	0	0	0	1	0	1	1

Firma des Unternehmens	Shop Apotheke Europe	Siemens Healthineers AG	Siltronic AG	Software AG	Ströer SE	Symrise AG	TAG Immobilien AG	TeamViewer AG	Telefónica Deutschland Holding AG	thyssenkrupp AG	Uniper SE	United Internet AG	Varta AG	Wacker Chemie AG	Zalando SE
Branche	Drug & Grocery Stores	Health Care	Technology	Technology	Media	Chemicals	Real Estate	Technology	Telecommunications	Ind. Goods & Services	Utilities	Technology	Industrial Goods & Services	Chemicals	Retailers
Konzern-Umsatz (in Mio. Euro)	968	14.460	1.207	835	1.442	3.520	473	456	7.532	28.899	50.968	5.367	870	4.692	7.982
Konzern-Bilanzsumme (in Mio. Euro)	544	25.094	1.945	2.092	2.622	6.029	6.501	1.114	18.461	38.614	44.637	9.755	1.161	7.014	6.495
Konzern-Mitarbeiterzahl	1.220	54.000	3.772	4.867	10.003	10.531	1.354	1.256	8.271	103.598	11.549	9.638	4.584	14.283	14.194
Konzern berichtspflichtig nach CSR-RUG	0	1	1	1	1	1	1	1	1	1	1	1	1	1	1
NFE / NFB für 2020 veröffentlicht		1	1	1	1	1	1	1	1	1	1	1	1	1	1
Zusammengefasste NFE / NFB		1	0	0	0	0	0	0	0	0	0	0	0	0	0
NFE in Lagebericht integriert		1	1	1	0	0	0	0	0	0	0	0	0	0	0
NFE als separates Kapitel im LB		1	0	1	0	0	0	0	0	0	0	0	0	0	0
NFB in GB / NHB integriert		0	1	0	0	0	0	0	0	0	0	0	1	0	0
NFB als separates Kapitel im GB / NHB		1	0	0	0	0	0	1	1	0	0	0	0	0	0
NFB als eigenständiger Bericht		1	1	1	1	1	1	1	1	1	1	1	1	1	1
NFE / NFB auf Homepage veröffentlicht		1	1	1	1	1	1	1	1	1	1	1	1	1	1
Extern inhaltlich geprüft		1	1	1	1	0	0	0	1	1	1	0	0	1	1
Limited assurance oder reasonable assurance (lim. a. = 0, reas. a. = 1)		1	0	0				0	0	1	0			0	0
Seitenumfang			25	25	19		94	22	21		26	119	4	17	12
Rahmenwerk verwendet?	0	1	1	1	0	1	1	1	1	1	1	1		1	0
Rahmenwerk			GRI + SDG	GRI + SASB		GRI	GRI	GRI	GRI	UN GC	GRI	GRI		GRI	
Bei GRI: Option Kern oder Umfassend (Kern= 0, Umfassend=1)															
Geschäftsmodell beschrieben		1	1	1	1	1	0	0	1	1	1	1	1	1	1
Wesentlichkeitsanalyse durchgeführt		0	1	1	1	1	1	1	1	0	1	1	0	1	1
Anzahl wesentlicher Aspekte			12	26	4	28		21	7		20	11		13	8
Stakeholder in die Wesentlichkeitsanalyse einbezogen		1	1	1	1	1	1	1	1	1	1	1	1	1	1
Anzahl wesentlicher Aspekte			4	5	3	5	5	5	3		5	5	4	4	5
Angaben zu Umweltbelangen		1	1	1	1	1	1	1	1	1	1	1	1	1	1
NF-LJ zu Umwelt		1	1	0	0	1	1	1	1	1	1	1	0	1	1
Angaben zu Arbeitnehmerbelangen		1	1	1	1	1	1	1	1	1	1	1	1	1	1
NF-LJ zu AN-Belange		1	1	1	1	1	1	1	0	1	1	0	1	1	1
Angaben zu Sozialbelangen		1	1	1	1	1	1	1	1	1	1	1	1	1	1
NF-LJ zu Soziales		0	1	0	0	0	0	0	0	0	1	0	1	0	0
Angaben zu Achtung der Menschenrechte		1	1	1	1	1	1	1	1	1	1	1	1	1	1
NF-LJ zu Achtung der Menschenrechte		1	0	0	0	1	1	1	0	0	0	0	0	1	1
Angaben zur Bekämpfung von Bestechung und Korruption		1	1	1	1	1	1	1	1	1	1	1	1	1	1
NF-LJ zur Bekämpfung von Bestechung und Korruption		1	0	0	1	1	1	1	1	0	0	1	0	1	0
Bezug auf Lieferkette genommen		0	0	0	0	1	1	1	1	0	0	1	0	1	1
Zusätzlicher Nachhaltigkeitsbericht		1	1	0	1	1	0	0	1	1	1	0	1	1	1

Literaturverzeichnis

Adidas AG (2021): Geschäftsbericht 2020. Online verfügbar unter https://report.adidas-group.com/2020/de/serviceseiten/downloads/files/annual-report-adidas-gb20.pdf, zuletzt geprüft am 01.06.2021.

Airbus SE (2021): Financial Statements 2020. Online verfügbar unter https://www.airbus.com/content/dam/corporate-topics/financial-and-company-information/AIRBUS_FINANCIAL_STATEMENTS_2020.pdf, zuletzt geprüft am 01.06.2021.

Aixtron SE (2021): Nachhaltigkeitsbericht 2020. Online verfügbar unter https://www.aixtron.com/investoren/publikationen/2020/de/Nachhaltigkeitsbericht%202020.pdf, zuletzt geprüft am 01.06.2021.

Allianz SE (2021): Geschäftsbericht 2020. Online verfügbar unter https://www.allianz.com/content/dam/onemarketing/azcom/Allianz_com/investor-relations/en/results-reports/annual-report/ar-2020/de-Allianz-Gruppe-Geschaeftsbericht-2020.pdf, zuletzt geprüft am 01.06.2021.

Aroundtown SA (2021): Non-financial Report 2020. Online verfügbar unter https://www.aroundtown.de/fileadmin/user_upload/05_sustainability/Reports/AT_Non-financial_Report_2020_01.pdf, zuletzt geprüft am 01.06.2021.

Aurubis AG (2020): Geschäftsbericht 2018/19. Online verfügbar unter https://www.aurubis.com/binaries/content/assets/aurubisrelaunch/files/finanzberichte-de/2018-19/q4/aurubis_geschaefstbericht_gj_18_19_2019_12_11.pdf, zuletzt geprüft am 01.06.2021.

BASF SE (2021): BASF-Bericht 2020. Online verfügbar unter https://www.basf.com/global/documents/de/news-and-media/publications/reports/2021/BASF_Bericht_2020.pdf, zuletzt geprüft am 01.06.2021.

Baumast, A. (2019): GRI – Von Empfehlungen für die Berichterstattung zum globalen Standard, in: Baumast, A.et al. (Hrsg.): Betriebliche Nachhaltigkeitsleistung messen und steuern - Grundlagen und Praxisbeispiele, Verlag Eugen Ulmer, Stuttgart.

Bayer AG (2021): Geschäftsbericht 2020. Online verfügbar unter https://www.bayer.com/sites/default/files/2021-02/Bayer-Geschaeftsbericht-2020.pdf, zuletzt geprüft am 01.06.2021.

Bechtle AG (2021): Nachhaltigkeitsbericht 2020. Online verfügbar unter https://www.bechtle.com/dam/jcr:4e47aba0-d09b-4168-b819-d018ee831cd1/bechtle_nachhaltigkeitsbericht_2020_web.pdf, zuletzt geprüft am 01.06.2021.

Behncke, N./Wulf, I. (2018): Erste Berichts- und Prüfungssaison der nichtfinanziellen Berichterstattung – Empirische Analyse der DAX30-Unternehmen. In: Zeitschrift für internationale und kapitalmarktorientierte Rechnungslegung, 18. Jg., H. 12, S. 570-580.

Beiersdorf AG (2021): Geschäftsbericht 2020. Online verfügbar unter https://www.beiersdorf.de/~/media/Beiersdorf/investors/financial-reports/2021/annual-report/Beiersdorf-2020-Annual-Report-DE.pdf, zuletzt geprüft am 01.06.2021.

Blaesing, D. (2013): Nachhaltigkeitsberichterstattung in Deutschland und den USA – Berichtspraxis, Determinanten und Eigenkapitalkostenwirkungen, Peter Lang GmbH - Internationaler Verlag der Wissenschaften, Frankfurt am Main.

BMAS (Hrsg.)(2021A): Nachhaltigkeit und CSR. Online verfügbar unter https://www.csr-in-deutschland.de/DE/Was-ist-CSR/Grundlagen/Nachhaltigkeit-und-CSR/csr-grundlagen.html, zuletzt geprüft am 06.04.2021.

BMAS (Hrsg.)(2021B): Standards der CSR-Berichterstattung. Online verfügbar unter https://www.csr-in-deutschland.de/DE/Unternehmen/CSR-Berichterstattung/Standards/standards-artikel.html, zuletzt geprüft am 25.04.2021.

BMAS (Hrsg.)(2021C): Was ist CSR? Nutzen für Unternehmen. Online verfügbar unter https://www.csr-in-deutschland.de/DE/Was-ist-CSR/Nutzen-fuer-Unternehmen/nutzen-fuer-unternehmen.html, zuletzt geprüft am 12.04.2021.

BMJV (2016): Regierungsentwurf: Gesetz zur Stärkung der nichtfinanziellen Berichterstattung der Unternehmen in ihren Lage- und Konzernlageberichten, Berlin.

BMW AG (2021): BMW Group Bericht 2020. Online verfügbar unter
https://www.bmwgroup.com/content/dam/grpw/websi-
tes/bmwgroup_com/ir/downloads/de/2021/bericht/BMW-Group-
Bericht-2020-DE.pdf, zuletzt geprüft am 01.06.2021.

Boston Consulting Group (2017): Total Societal Impact: A New Lens for
Strategy. Online verfügbar unter https://media-publica-
tions.bcg.com/BCG-Total-Societal-Impact-Oct-2017.pdf., zuletzt
geprüft am 01.06.2021

Brenntag SE (2021): Geschäftsbericht 2020. Online verfügbar unter
https://www.brenntag.com/corporate/documents/investor-relati-
ons/2021/gb-ar2021/brenntag_gesch%C3%A4ftsbericht_2020.pdf,
zuletzt geprüft am 01.06.2021.

Brüssel, C. (2018): Kernkompetenz Nachhaltigkeit und Corporate Social
Responsibility, in: Brüggemann, S./Brüssel, C./Härthe, D. (Hrsg.):
Nachhaltigkeit in der Unternehmenspraxis – Impulse für Wirt-
schaft und Politik, Springer Gabler, Wiesbaden.

Cancom SE (2021): Nichtfinanzieller Konzernbericht 2020. Online verfügbar unter https://www.cancom.de/wp-content/uploads/si-
tes/7/2021/04/210429_CANCOM_Nichtfinanzieller-Konzernbe-
richt-2020.pdf, zuletzt geprüft am 01.06.2021.

Carl Zeiss AG (2020): Nachhaltigkeitsbericht 2019/20. Online verfügbar unter https://www.zeiss.de/content/dam/corporate-new/about-
zeiss/responsibility/download/nachhaltigkeitsbe-
richt_2019_2020.pdf, zuletzt geprüft am 01.06.2021.

Coenenberg, A./Fink, C. (2017): Die Umsetzung der CSR-Richtlinie in
Deutschland, in: Wagner, U./Schaffhauser-Linzatti, M. (Hrsg.):
Langfristige Perspektiven und Nachhaltigkeit in der Rechnungsle-
gung, Springer Gabler, Wiesbaden.

Commerzbank AG (2021): Geschäftsbericht 2020. Online verfügbar unter
https://www.commerzbank.de/media/aktionaere/service/ar-
chive/konzern/2021_4/Geschaeftsbericht_2020_DE.pdf, zuletzt
geprüft am 01.06.2021.

CompuGroup Medical (2021): Zusammengefasster gesonderter nichtfinanzieller Bericht 2020. Online verfügbar unter

https://www.cgm.com/_Resources/Persistent/575f1b02fd73c495c84a1016eb1aadbc5a651cbf/210325_CGM_CSR_Nachhaltigkeitsbericht%202020_Deutsch.pdf, zuletzt geprüft am 01.06.2021.

Continental AG (2021): Geschäftsbericht 2020. Online verfügbar unter https://annualreport.continental.com/2020/de/service/docs/geschaeftsbericht-2020-data.pdf, zuletzt geprüft am 01.06.2021.

Covestro AG (2021): Geschäftsbericht 2020. Online verfügbar unter https://bericht.covestro.com/geschaeftsbericht-2020/serviceseiten/downloads/files/covestro-ar20-entire.pdf, zuletzt geprüft am 01.06.2021.

CTS Eventim AG & Co. KGaA (2021): Nichtfinanzieller Konzernbericht 2020. Online verfügbar unter https://corporate.eventim.de/fileadmin/user_upload/eventim/02_unternehmen/Nichtfinanzieller_Bericht_D_20_final.pdf, zuletzt geprüft am 01.06.2021.

Daimler AG (2021): Geschäftsbericht 2020. Online verfügbar unter https://www.daimler.com/dokumente/investoren/berichte/geschaeftsberichte/daimler/daimler-ir-geschaeftsbericht-2020-inkl-zusammengefasster-lagebericht-daimler-ag.pdf, zuletzt geprüft am 01.06.2021.

Datastream International: über Refinitiv vom 17.05.2021.

Delivery Hero SE (2021): Geschäftsbericht 2020. Online verfügbar unter https://ir.deliveryhero.com/download/companies/delivery/Annual%20Reports/DeliveryHero_Geschaeftsbericht_2020_final.pdf, zuletzt geprüft am 01.06.2021.

Deutsche Bank AG (2021): Nichtfinanzieller Bericht 2020. Online verfügbar unter https://www.db.com/ir/de/download/Nichtfinanzieller_Bericht_2020.pdf, zuletzt geprüft am 01.06.2021.

Deutsche Börse (2019): Der Ablauf bei Indexanpassungen. Online verfügbar unter https://www.boerse-frankfurt.de/wissen/wertpapiere/aktien/indexanpassungen, zuletzt geprüft am 22.05.2021.

Deutsche Börse AG (2021A): Geschäftsbericht 2020 – Auszug: Zusammengefasste nichtfinanzielle Erklärung. Online verfügbar unter

https://www.deutsche-boerse.com/re-
source/blob/2375594/5ba38672f85e66d5d0e3a0461d668333/data/
GDB-Zusammengefasste-nichtfinanzielle-Erklaerung-GB-
2020.pdf, zuletzt geprüft am 01.06.2021.

Deutsche Börse AG (2021B): Frankfurt DAX-Indikatoren. Online verfügbar
unter https://www.boerse-frankfurt.de/index/frankfurt-dax-indika-
tion/zugehoerige-werte, zuletzt geprüft am 25.11.2021.

Deutsche Post AG (2021): Geschäftsbericht 2020. Online verfügbar unter
https://reporting-hub.dpdhl.com/downloads/2020/4/DPDHL-Ge-
schaeftsbericht-2020.pdf, zuletzt geprüft am 01.06.2021.

Deutsche Telekom AG (2021): Deutsche Telekom – Das Geschäftsjahr
2020. Online verfügbar unter https://bericht.telekom.com/ge-
schaeftsbericht-2020/_assets/downloads/entire-dtag-gb20.pdf, zuletzt geprüft am 01.06.2021.

Deutsche Wohnen AG (2021): Geschäftsbericht 2020. Online verfügbar unter https://www.deutsche-wohnen.com/fileadmin/user_up-
load/Deutsche_Wohnen_Geschaeftsbericht_2020_s.pdf, zuletzt
geprüft am 01.06.2021.

Deutsches Rechnungslegungs Standards Committee e. V. (2021): CSR-Stu-
die – Abschlussbericht zur vom BMJV beauftragten Horizontalstu-
die sowie zu Handlungsempfehlungen für die Überarbeitung der
CSR-Richtlinie. Online verfügbar unter
https://www.bmjv.de/SharedDocs/Downloads/DE/PDF/Be-
richte/2021_CSR_Studie.pdf?__blob=publicationFile&v=2, zuletzt geprüft am 31.05.2021.

Dürr AG (2021): Geschäftsbericht 2020. Online verfügbar unter
https://www.durr-group.com/fileadmin/durr-group.com/Inves-
tors/Downloads/Reports/2020/Annual-Report-2020-DE.pdf, zuletzt geprüft am 01.06.2021.

E.ON SE (2021): Geschäftsbericht 2020. Online verfügbar unter
https://www.eon.com/content/dam/eon/eon-com/eon-com-as-
sets/documents/investor-relations/de/geschaeftsbe-
richt/GB20_D_final_internet.pdf, zuletzt geprüft am 01.06.2021.

Europäische Kommission (2021): Fragen und Antworten: Richtlinienvorschlag zur Nachhaltigkeitsberichterstattung der Unternehmen. Online verfügbar unter https://ec.europa.eu/commission/presscorner/detail/de/qanda_21_1806, zuletzt geprüft am 31.05.2021.

Europäische Kommission (2011): Mitteilung der Kommission an das Europäische Parlament, den Rat, den Europäischen Wirtschafts- und Sozialausschuss und den Ausschuss der Regionen – Eine neue EU-Strategie (2011-21) für die soziale Verantwortung der Unternehmen (CSR), KOM(2011) 681, Brüssel.

Europäische Kommission (2021): Proposal for a Directive of the European Parliament and the Council amending Directive 2013/34/EU, Directive 2004/109/EC, Directive 2006/43/EC and Regulation (EU) No 537/2014, as regards corporate sustainability reporting, COM(2021) 189 final, Brüssel.

Europäische Kommission (2013): Vorschlag für eine Richtlinie des Europäischen Parlaments und des Rates zur Änderung der Richtlinien 78/660/EWG und 83/349/EWG des Rates im Hinblick auf die Offenlegung nichtfinanzieller und die Diversität betreffender Informationen durch bestimmte große Gesellschaften und Konzerne, COM(2013) 207 final.

Europäische Kommission: Anwendung des EU-Rechts. Online verfügbar unter https://ec.europa.eu/info/law/law-making-process/applying-eu-law_de, zuletzt geprüft am 31.05.2021.

Evonik Industries AG (2021): Nichtfinanzieller Bericht 2020. Online verfügbar unter https://corporate.evonik.com/Downloads/Corporate/BPK/Evonik_Nichtfinanzieller_Bericht_2020.pdf, zuletzt geprüft am 01.06.2021.

Evotec SE (2021): Nachhaltigkeitsbericht 2020. Online verfügbar unter: https://www.evotec.com/f/6a32e30a26f28955873dbb4be56f0360.pdf, zuletzt geprüft am 01.06.2021.

Fraport AG (2021): Zusammengefasste nichtfinanzielle Erklärung. Online verfügbar unter https://www.fraport.com/content/dam/fraport-company/documents/konzern/verantwortung/publikationen/nach-

haltigkeitsberichte/2020/Zusammengefasste%20nichtfinanzi-
elle%20Erkl%C3%A4rung%202020.pdf/_jcr_content/renditi-
ons/original./Zusammengefasste%20nichtfinanzi-
elle%20Erkl%C3%A4rung%202020.pdf, zuletzt geprüft am
01.06.2021.

Freenet AG (2021): Geschäftsbericht 2020. Online verfügbar unter
https://blob.freent.de/contentblob/8257840/4/data/20210326-ge-
schaeftsbericht-2020.pdf, zuletzt geprüft am 01.06.2021.

Fresenius Medical SE & Co. KGaA (2021): Nichtfinanzieller Konzernbericht. Online verfügbar unter https://www.freseniusmedical-
care.com/fileadmin/data/com/pdf/About_us/Sustainabi-
lity/Our_commitment/FME_Nichtfinanzieller_Be-
richt_2020_DE.pdf, zuletzt geprüft am 01.06.2021.

Fresenius SE & Co. KGaA (2021): Geschäftsbericht 2020. Online verfügbar
unter https://www.fresenius.de/media_library/Fresenius_Ge-
schaeftsbericht_2020.pdf, zuletzt geprüft am 01.06.2021.

FTSE Russel (Hrsg.): Industry Classification Benchmark, in:
https://www.ftserussell.com/data/industry-classification-bench-
mark-icb, zuletzt geprüft am 01.06.2021.

Fuchs Petrolub SE (2021): Geschäftsbericht 2020. Online verfügbar unter
https://wwwfuchscom-94ba.kxcdn.com/fileadmin/Home/Ge-
schaeftsberichte/2020/FUCHS_PETROLUB_SE_-_Geschaeftsbe-
richt_2020.pdf, zuletzt geprüft am 01.06.2021.

GEA Group AG (2021): Geschäftsbericht 2020. Online verfügbar unter
https://www.gea.com/de/binaries/geschaeftsbericht-2020-
de_tcm24-82597.pdf, zuletzt geprüft am 01.06.2021.

Gelbmann, U./Baumgartner, R.: (2012): Strategische Implementierung von
CSR in KMU, in: Schneider, A./Schmidpeter, R. (Hrsg.): Corporate Social Responsibility – Verantwortungsvolle Unternehmensführung in Theorie und Praxis, Springer Gabler, Berlin/Heidel-
berg.

Gerresheimer AG (2021): Geschäftsbericht 2020. Online verfügbar unter
https://www.gerresheimer.com/fileadmin/user_upload/user_up-

load/Company/Investor_Relations/reports/2021/20210218_Gerres-heimer_AG_Gescha__ftsbericht_2020_rgb.pdf, zuletzt geprüft am 01.06.2021.

Gesetz zur Stärkung der nichtfinanziellen Berichterstattung der Unternehmen in ihren Lage- und Konzernlageberichten (CSR-Richtlinie-Umsetzungsgesetz), BGBl. Teil 1 Nr. 20, S. 802-814, 2017.

Global Sustainability Standards Board (2016): GRI-Standard 101. Online verfügbar unter https://www.globalreporting.org/how-to-use-the-gri-standards/gri-standards-german-translations/, zuletzt geprüft am 28.04.2021.

Global Sustainability Standards Board (2016): GRI-Standard 102. Online verfügbar unter https://www.globalreporting.org/how-to-use-the-gri-standards/gri-standards-german-translations/, zuletzt geprüft am 28.04.2021.

Global Sustainable Investment Alliance (2018): Global Sustainable Investment Review 2018. Online verfügbar unter http://www.gsi-alliance.org/wp-content/uploads/2019/03/GSIR_Review2018.3.28.pdf, zuletzt geprüft am 01.06.2021.

Grand City Properties SA (2021): Non-Financial Report 2020. Online verfügbar unter https://www.grandcityproperties.com/fileadmin/user_upload/04_sustainability/Reports/GCP_Non-Financial_Report_2020_final.pdf, zuletzt geprüft am 01.06.2021.

Hannover Rück SE (2021): Geschäftsbericht 2020. Online verfügbar unter https://www.hannover-rueck.de/1665603/geschaftsbericht-2020.pdf, zuletzt geprüft am 01.06.2021.

HeidelbergCement AG (2021): Geschäftsbericht 2020. Online verfügbar unter https://www.heidelbergcement.com/de/system/files_force/assets/document/c2/e9/geschaeftsbericht-heidelbergcement-2020.pdf?download=1, zuletzt geprüft am 01.06.2021.

Hella KGaA Hueck & Co. (2020): Geschäftsbericht 2019/20. Online verfügbar unter https://www.hella.com/hella-com/assets/media_global/2020.08.14_HELLA_Geschaeftsbericht_2019-2020_geschuetzt.pdf, zuletzt geprüft am 01.06.2021.

HelloFresh SE (2021): Nachhaltigkeitsbericht 2020. Online verfügbar unter https://ir.hellofreshgroup.com/download/companies/hellofresh/Annual%20Reports/HF_Sustainability-Report-2020_DE.pdf, zuletzt geprüft am 01.06.2021.

Helmold, M. et al. (2020): Corporate Social Responsibility im internationalen Kontext – Wettbewerbsvorteile durch nachhaltige Wertschöpfung, Springer Gabler, Wiesbaden.

Henkel AG & Co. KGaA (2021): Nachhaltigkeitsbericht 2020. Online verfügbar unter https://www.henkel.de/resource/blob/1155336/a71ba2863d1896c4b1f24e2a4bc2bba0/data/2020-nachhaltigkeitsbericht.pdf, zuletzt geprüft am 01.06.2021.

Henrich, J. (2018): Compliance im GRI-Berichtsstandard, in: Kleinfeld, A./Martens, A. (Hrsg.): CSR und Compliance – Synergien nutzen durch ein integriertes Management, Springer Gabler, Wiesbaden.

Hochtief AG (2021): Geschäftsbericht 2020. Online verfügbar unter https://www.hochtief.de/mmdbdownload?id=213337, zuletzt geprüft am 01.06.2021.

Hugo Boss AG (2021): Geschäftsbericht 2020. Online verfügbar unter https://group.hugoboss.com/fileadmin/media/pdf/sustainability/sustainability_reports_DE/HUGO_BOSS_Geschaeftsbericht_2020.pdf, zuletzt geprüft am 01.06.2021.

Infineon Technologies AG (2021): Nachhaltigkeit bei Infineon – In Ergänzung zum Geschäftsbericht 2020. Online verfügbar unter https://www.infineon.com/dgdl/Nachhaltigkeit+bei+Infineon+2020+secured.pdf?fileId=5546d46175e929e10175f21f3016000a, zuletzt geprüft am 01.06.2021.

Institut für ökologische Wirtschaftsforschung und future e. V. – verantwortung unternehmen (2019): Monitoring der nichtfinanziellen Berichterstattung – Befunde und Beobachtungen nach dem ersten Zyklus der CSR-Berichtspflicht in Deutschland, Berlin.

ISO (2010): ISO 26000 – Leitfaden zur gesellschaftlichen Verantwortung, o. O.

Jasch, C. (2015): CSR und Berichterstattung, in: Schneider, A./Schmidpeter, R. (Hrsg.): Corporate Social Responsibility – Verantwortungsvolle Unternehmensführung in Theorie und Praxis, 2. Auflage, Springer Gabler, Berlin/Heidelberg.

K + S AG (2021): Geschäftsbericht 2020. Online verfügbar unter https://www.kpluss.com/.downloads/annual-reports/2021/kpluss-geschaeftsbericht-2020-de.pdf, zuletzt geprüft am 01.06.2021.

KION Group AG (2021): Geschäftsbericht 2020. Online verfügbar unter https://www.kiongroup.com/KION-Website-Main/Investor-Relations/Reports-Presentations/2021-Reports-Presentations/kion_group_report_2020_de_fy.pdf, zuletzt geprüft am 01.06.2021.

Kirchhoff Consult AG/BDO AG Wirtschaftsprüfungsgesellschaft (2020A): Das CSR-Richtlinie-Umsetzungsgesetz im DAX 30 – Die praktische Ausgestaltung der nichtfinanziellen Berichtspflicht – Fokusthema Umwelt. Online verfügbar unter https://www.kirchhoff.de/fileadmin/static/pdfs/20200115_KC-BDO_DAX_30-Studie_CSR-RUG.pdf, zuletzt geprüft am 31.05.2021.

Kirchhoff Consult AG/BDO AG Wirtschaftsprüfungsgesellschaft (2020B): Quo Vadis? Die nichtfinanzielle Berichterstattung im DAX 160. Online verfügbar unter https://www.kirchhoff.de/fileadmin/static/pdfs/20200930_KC-BDO_DAX_160-Studie_Nichtfinanzielle_Berichterstattung_Studie.pdf, zuletzt geprüft am 31.05.2021.

Kirchhoff Consult AG/BDO AG Wirtschaftsprüfungsgesellschaft (2018): Studie zur aktuellen Nachhaltigkeitsberichterstattung der 160 DAX-Unternehmen. Online verfügbar unter https://www.bdo.de/getattachment/Insights/Weitere-Veroffentlichungen/Studien/Studie-zur-aktuellen-Nachhaltigkeitsberichterstatt/DAX160-Studie.pdf.aspx?lang=de-DE&ext=.pdf&disposition=attachment, zuletzt geprüft am 31.05.2021.

Knorr-Bremse AG (2021): Nachhaltigkeitsbericht 2020. Online verfügbar unter https://www.knorr-bremse.com/media/6000_medien/6400_publikationen/kb-cr-2020_de.pdf, zuletzt geprüft am 01.06.2021.

Kommission der Europäischen Gemeinschaften (2001): Grünbuch – Europäische Rahmenbedingungen für die soziale Verantwortung der Unternehmen, KOM(2001) 366, Brüssel.

Kreipl, C. (2020): Verantwortungsvolle Unternehmensführung – Corporate Governance, Compliance Management und Corporate Social Responsibility, Springer Gabler, Wiesbaden.

Lanxess AG (2021): Geschäftsbericht 2020. Online verfügbar unter https://lanxess.com/-/media/Project/Lanxess/Corporate-Internet/Investors/Reporting/2021/2020-GB-LXS_web.pdf, zuletzt geprüft am 01.06.2021.

LEG Immobilien AG (2021): Geschäftsbericht 2020. Online verfügbar unter https://www.leg-wohnen.de/fileadmin/dateien/02_Unternehmen/Presse/Geschaeftsbericht/LEG_GB_2020_d.pdf, zuletzt geprüft am 01.06.2021.

Linde plc (2021): Annual Report 2020. Online verfügbar unter https://investors.linde.com/-/media/linde/investors/documents/full-year-financial-reports/2020-linde-annual-report-to-shareholders.pdf?la=en, zuletzt geprüft am 01.06.2021.

Loew, T./Braun, S. (2019): Analysen zur Berichterstattung gemäß CSR-RUG und zu den Empfehlungen der TCFD. Qualität der nichtfinanziellen Erklärungen im ersten Berichtsjahr und die Bedeutung klimabezogener Berichterstattung für die Stabilität der Finanzmärkte, Berlin.

Loew, T./Rohde F. (2013): CSR und Nachhaltigkeitsmanagement – Definitionen, Ansätze und organisatorische Umsetzung im Unternehmen, Berlin.

Loew, T./Zwick, Y. (2016): Der Deutsche Nachhaltigkeitskodex – Strukturgeber für die Nachhaltigkeitsberichterstattung und das Nachhaltigkeitsmanagement, in: Friedel, R./Spindler, E. (Hrsg.): Zertifizierung als Erfolgsfaktor – Nachhaltiges Wirtschaften mit Vertrauen und Transparenz, Springer Gabler, Wiesbaden.

Lufthansa AG (2021): Geschäftsbericht 2020. Online verfügbar unter https://investor-relations.lufthansagroup.com/fileadmin/downloads/de/finanzberichte/geschaeftsberichte/LH-GB-2020-d.pdf, zuletzt geprüft am 01.06.2021.

Meiregger, P. (2020): Nichtfinanzielle Berichterstattung in Deutschland: Eine vergleichende Darstellung der letzten drei Jahre der DAX30 Unternehmen in Deutschland. Online verfügbar unter https://www.campus02.at/rechnungswesen/wp-content/uploads/sites/6/2021/05/NFI_Studie-Deutschland_Nov-2020__www.pdf, zuletzt geprüft am 31.05.2021.

Merck KGaA (2021): Nachhaltigkeitsbericht 2020. Online verfügbar unter https://www.merckgroup.com/de/nachhaltigkeitsbericht/2020/serviceseiten/downloads/files/entire-merck-nb20.pdf, zuletzt geprüft am 01.06.2021.

MorphoSys AG (2021): Nichtfinanzieller Bericht 2020. Online verfügbar unter https://www.morphosys.de/sites/default/files/reports/2020/nichtfinanzieller_bericht_2020_geschuetzt.pdf, zuletzt geprüft am 01.06.2021.

MTU Aero Engines AG (2021): Geschäftsbericht 2020. Online verfügbar unter https://www.mtu.de/fileadmin/DE/5_Investor_Relations/Financial_Report/Geschaeftsbericht_2020_de_locked.pdf, zuletzt geprüft am 01.06.2021.

Münchener Rück AG (2021): Konzerngeschäftsbericht 2020. Online verfügbar unter https://www.munichre.com/content/dam/munichre/mrwebsiteslaunches/2020-annual-report/MunichRe-Konzerngeschaeftsbericht-2020-de.pdf/_jcr_content/renditions/original./MunichRe-Konzerngeschaeftsbericht-2020-de.pdf, zuletzt geprüft am 01.06.2021.

Nemetschek AG (2021): Geschäftsbericht 2020. Online verfügbar unter https://www.nemetschek.com/fileadmin/downloads/IR_Files/GB_2020/de/NEM_Geschaeftsbericht-2020_de.pdf, zuletzt geprüft am 01.06.2021.

Nordex SE (2021): Nachhaltigkeitsbericht 2020. Online verfügbar unter http://ir.nordex-online.com/download/companies/nordex/Sustainability%20Report/Nordex_NHB_2020_d_s.pdf, zuletzt geprüft am 01.06.2021.

Palmer, M. (2019): Corporate Social Responsibility – Motivation und Berichtsinstrumente der Unternehmensverantwortung, Verlag Dr. Kovač, Hamburg.

Pape, J./Weihofen, S. (2019): Deutscher Nachhaltigkeitskodex (DNK), in: Baumast, A. et al. (Hrsg.): Betriebliche Nachhaltigkeitsleistung messen und steuern – Grundlagen und Praxisbeispiele, Verlag Eugen Ulmer, Stuttgart.

Porsche SE (2021): Nichtfinanzieller Konzernbericht 2020. Online verfügbar unter https://www.porsche-se.com/fileadmin/downloads/investorrelations/mandatorypublications/annualreport-20/PSE2020_NFK_de.pdf, zuletzt geprüft am 01.06.2021.

ProSiebenSat.1 Media SE (2021): Geschäftsbericht 2020. Online verfügbar unter https://www.prosiebensat1.com/uploads/2021/03/23/P7S1_GB2020_DE.pdf, zuletzt geprüft am 01.06.2021.

Puma SE (2021): Geschäftsbericht 2020. Online verfügbar unter https://udg-about-puma-prod-endpoint.azureedge.net/-/media/files/pdf/sustainability/reports/puma_geschaeftsbericht_2020.pdf?rev=-1, zuletzt geprüft am 01.06.2021.

QIAGEN N.V. (2021): Financial Report 2020. Online verfügbar unter https://s27.q4cdn.com/986229841/files/doc_financials/2020/ar/QIAGEN_Fin ancial_Report_2020.pdf, zuletzt geprüft am 01.06.2021.

Rat für nachhaltige Entwicklung (2020): Leitfaden zum Deutschen Nachhaltigkeitskodex, Berlin.

Rational AG (2021): Nichtfinanzieller Konzernbericht 2020. Online verfügbar unter https://www.rational-online.com/media/investor-relations/nachhaltigkeitsbericht/rational-ag-nichtfinanzieller-konzernbericht-2020.pdf, zuletzt geprüft am 01.06.2021.

Rheinmetall AG (2021): Geschäftsbericht 2020. Online verfügbar unter https://ir.rheinmetall.com/download/companies/rheinmetall/Annual%20Reports/DE0007030009-JA-2020-PN-EQ-D-00.pdf, zuletzt geprüft am 01.06.2021.

Richter P. C./Gawenko, W./Kinne K. (2021): Wie nachhaltig berichten Unternehmen im europäischen Vergleich? – Zur Umsetzung der europäischen CSR-Richtlinie. In: WPg – Die Wirtschaftsprüfung 11/2021, S. 709-712, 2021.

Richtlinie Nr. 2014/56/EU zur Änderung der Richtlinie 2006/43/EG über Abschlussprüfungen von Jahresabschlüssen und konsolidierten Abschlüssen, vom 16. April 2014, ABl. EU L 158, vom 27.05.2014.

Richtlinie Nr. 2014/95/EU zur Änderung der Richtlinie 2013/34/EU im Hinblick auf die Angabe nichtfinanzieller und die Diversität betreffender Informationen durch bestimmte große Unternehmen und Gruppen, vom 22. Oktober 2014, ABl. EU L 330, vom 15.11.2014.

RWE AG (2021): Nichtfinanzieller Bericht 2020. Online verfügbar unter https://www.rwe.com/-/media/RWE/documents/09-verantwortung-nachhaltigkeit/cr-berichte/rwe-nichtfinanzieller-bericht-2020.pdf, zuletzt geprüft am 01.06.2021.

SAP SE (2021): Zusammengefasster nichtfinanzieller Bericht. Online verfügbar unter https://www.sap.com/docs/download/investors/2020/sap-2020-zusammengefasster-nicht-finanzieller-bericht.pdf, zuletzt geprüft am 01.06.2021.

Sartorius AG (2021): Geschäftsbericht 2020. Online verfügbar unter https://www.sartorius.com/download/692410/3/sag-annual-report-2020-de-data.pdf, zuletzt geprüft am 01.06.2021.

Schneider, A. (2015): Reifegradmodell CSR – eine Begriffsklärung und -abgrenzung, in: Schneider, A./Schmidpeter, R. (Hrsg.): Corporate Social Responsibility – Verantwortungsvolle Unternehmensführung in Theorie und Praxis, 2. Auflage, Springer Gabler, Berlin/Heidelberg.

Schrader, C. (2013): Nachhaltigkeit in Unternehmen – Verrechtlichung von Corporate Social Responsibility (CSR), in: Zeitschrift für Umweltrecht, 24 Jg., H. 9, S. 451-458.

Schröder, N. (2020): CSR-Richtlinie-Umsetzungsgesetz – Beurteilung aus Arbeitnehmerperspektive, Springer Gabler, Wiesbaden.

Scout24 AG (2021): Nachhaltigkeitsbericht 2020. Online verfügbar unter https://www.scout24.com/media/scout24/CSR-Berichte/Scout24_Nachhaltigkeitsbericht_2020.pdf, zuletzt geprüft am 01.06.2021.

Siemens AG (2021): Geschäftsbericht 2020. Online verfügbar unter https://assets.new.siemens.com/siemens/assets/api/uuid:786b2ce1-f20b-4f53-a128-881370ba8155/siemens-gb2020.pdf, zuletzt geprüft am 01.06.2021.

Siltronic AG (2021): Geschäftsbericht 2020. Online verfügbar unter https://www.siltronic.com/fileadmin/investorrelations/HV_2021/03_Siltronic_Geschaeftsbericht_2020.pdf, zuletzt geprüft am 01.06.2021.

Software AG (2021): Geschäftsbericht 2020. Online verfügbar unter https://investors.softwareag.com/co ntent/dam/investorrelation/pdfs/german/finanzergebnisse/2020/q4/20210322_sow_GB-de_s.pdf.sagdownload.inline.1616505638667.pdf, zuletzt geprüft am 01.06.2021.

Stibbe, R. (2019): CSR-Erfolgssteuerung – Den Reformprozess verstehen, Reporting und Risikomanagement effizient gestalten, Springer Gabler, Wiesbaden.

STOXX Ltd. (2021): Guide to the DAX Equity Indices. Online verfügbar unter https://www.dax-indices.com/document/Resources/Guides/DAX_Equity_Indices.pdf, zuletzt geprüft am 22.05.2021.

Ströer SE & Co. KGaA (2021): Nichtfinanzieller Konzernbericht 2020. Online verfügbar unter https://ir.stroeer.com/download/companies/stroeer/Annual%20Reports/stroeer_NFGreport_2020_de.pdf, zuletzt geprüft am 01.06.2021.

Symrise AG (2021): Nachhaltigkeitsbilanz. Online verfügbar unter https://symrise.com/de/unternehmensbericht/2020/down-loads/SYM_21_004_GRI_PDF_DE_210308_safe.pdf, zuletzt geprüft am 01.06.2021.

TAG Immobilien AG (2021): Nachhaltigkeitsbericht 2020. Online verfügbar unter https://www.tag-ag.com/fileadmin/content/nachhaltigkeitsbe-richte/TAG_Nachhaltigkeitsbericht_2020_DE.pdf, zuletzt geprüft am 01.06.2021.

TeamViewer AG (2021): Nichtfinanzieller Bericht 2020. Online verfügbar unter https://geschaeftsbericht.teamviewer.com/media/TeamVie-wer_Nichtfinanzieller_Bericht_2020.pdf, zuletzt geprüft am 01.06.2021.

Telefónica Deutschland Holding AG (2021): Gesonderter zusammengefass-ter nichtfinanzieller Bericht. Online verfügbar unter https://www.telefonica.de/file/public/1757/Telefonica-Deutsch-land-Nichtfinanzieller-Bericht-2020-DEU.pdf?attachment=1, zuletzt geprüft am 01.06.2021.

Thyssenkrupp AG (2020): Geschäftsbericht 2019/20. Online verfügbar unter https://ucpcdn.thyssenkrupp.com/_binary/UCPthyssen-kruppAG/de/investoren/berichterstattung-und-publikationen/link-thyssenkrupp-GB-2019-2020-Web.pdf, zuletzt geprüft am 01.06.2021.

Uniper SE (2021): Geschäftsbericht 2020. Online verfügbar unter https://ir.uniper.energy/download/companies/uniperag/An-nual%20Reports/2021-03-04_GJ2020_Uniper_Konzern_Ge-schaeftsbericht_de.pdf, zuletzt geprüft am 01.06.2021.

United Internet AG (2021): Nachhaltigkeitsbericht 2020. Online verfügbar unter https://www.united-internet.de/fileadmin/publications/Uni-ted_Internet_AG_NHB_2020.pdf, zuletzt geprüft am 01.06.2021.

Varta AG (2021): Geschäftsbericht 2020. Online verfügbar unter https://www.varta-ag.com/fileadmin/varta/investors/publica-tions/Financial_and_Quarterly_Re-ports/VARTA_AG_GB2020_dt_01.pdf, zuletzt geprüft am 01.06.2021.

Velte, P. (2017): Die nichtfinanzielle Erklärung nach dem CSR-Richtlinie-Umsetzungsgesetz. In: Zeitschrift für das gesamte Genossenschaftswesen Nr. 67(2), S. 112-119.

Volkswagen AG (2021): Nachhaltigkeitsbericht. Online verfügbar unter https://www.volkswagenag.com/presence/nachhaltigkeit/documents/sustainability-report/2020/Nichtfinanzieller_Bericht_2020_d.pdf, zuletzt geprüft am 01.06.2021.

Vonovia SE (2021): Geschäftsbericht 2020. Online verfügbar unter https://reports.vonovia.de/2020/geschaeftsbericht/_assets/downloads/entire-vonovia-ar20.pdf, zuletzt geprüft am 01.06.2021.

Wacker Chemie AG (2021): Zusammengefasster gesonderter nichtfinanzieller Bericht. Online verfügbar unter https://berichte.wacker.com/2020/geschaeftsbericht/serviceseiten/downloads/files/non-financial-statement-wacker-gb20.pdf, zuletzt geprüft am 01.06.2021.

Wagner, J./Mayer, M./Kubessa, D. (2018): Adressatengerechte Finanzberichterstattung im Lichte der CSR-Berichtspflichten. In: Die Wirtschaftsprüfung, 71. Jg., H. 15, S. 935-941.

World Commission of Environment and Development (1987): Our Common Future, Oxford.

Zalando SE (2021): Sustainability Progress Report 2020. Online verfügbar unter https://corporate.zalando.com/sites/default/files/media-download/Zalando_SE_Sustainability_Progress_Report_2020.pdf, zuletzt geprüft am 01.06.2021.

Zwick, Y. (2017): Der Deutsche Nachhaltigkeitskodex: Einstieg in die strategische Berichterstattung für alle, in: Keck, W. (Hrsg.): CSR und Kleinstunternehmen – Die Basis bewegt sich!, Springer Gabler, Berlin.

Die Autoren

Johanna Müller

Absolventin des Studiengangs RSW – Steuern und Prüfungswesen an der Dualen Hochschule Baden-Württemberg in Mannheim. Derzeit Studentin im Studiengang MSc Entrepreneurship und Management an der Universität Liechtenstein.

Prof. Dr. Ulrich Harbrücker

Studiengangsleiter RSW – Steuern und Prüfungswesen an der Dualen Hochschule Baden-Württemberg in Mannheim; Lehrbeauftragter an verschiedenen Hochschulen und bei der Steuerberaterkammer Nordbaden; ehrenamtlich im sozialen Bereich tätig.